Der Sinn des Lebens

Terry Eagleton

Der Sinn des Lebens

Aus dem Englischen von
Michael Bischoff

Süddeutsche Zeitung Edition

Sonderausgabe für die Süddeutsche Zeitung Edition 2018
in der Süddeutsche Zeitung GmbH, München

MIX
Papier aus verantwortungsvollen Quellen
FSC® C083411

ISBN 978-3-86497-462-5

Umschlaggestaltung: Philipp von Keisenberg, München
unter Verwendung einer Vorlage von bürosüd° GmbH, München
(Vorlage von Rudolf Linn, Köln)
Satz: Dörlemann Satz, Lemförde
Gesetzt aus der Minion
Druck und Bindearbeiten: CPI books GmbH, Leck
Printed in Germany

Für Oliver,
der die ganze Idee extrem peinlich fand

Inhalt

Vorwort

Wer so unvorsichtig ist, ein Buch mit einem Titel wie diesem zu schreiben, macht sich am besten auf einen Sack voll Briefe in unleserlicher Schrift samt beigefügten komplexen Diagrammen gefasst. Der Sinn des Lebens ist ein Thema für Verrückte oder für Komiker – ich hoffe, ich gehöre eher zur letzteren Kategorie. Ich habe versucht, einen hochgeistigen Gegenstand so leicht und klar wie möglich abzuhandeln und ihn dennoch ernst zu nehmen. Doch das ganze Thema hat etwas absurd Anspruchsvolles, verglichen mit den eher kleinen Maßstäben normaler wissenschaftlicher Arbeit. Vor vielen Jahren, als Student in Cambridge, fiel mir einmal der Titel einer Doktorarbeit ins Auge: »Einige Aspekte des Vaginalsystems von Flöhen«. Nicht unbedingt das perfekte Forschungsthema für Menschen mit schwachem Sehvermögen, doch äußert sich darin eine sympathische Bescheidenheit, von der ich offenbar nichts gelernt habe. Immerhin kann ich beanspruchen, eines der wenigen Bücher über den Sinn des Lebens geschrieben zu haben, in denen die Geschichte von Bertrand Russell und dem Taxifahrer nicht vorkommt.[1]

Ich danke Joseph Dunne, der das Manuskript gelesen und einige sehr wertvolle kritische Kommentare und Vorschläge beigesteuert hat.

Fragen und Antworten

Philosophen haben die ärgerliche Angewohnheit, Fragen nicht zu beantworten, sondern zu analysieren, und genau so möchte ich anfangen.* Ist die Frage »Was ist der Sinn des Lebens?« eine echte Frage, oder sieht sie nur so aus? Gibt es irgendeine vernünftige Antwort darauf, oder ist es in Wirklichkeit eine Scheinfrage, wie die legendäre Oxforder Prüfungsfrage, die angeblich lautete: »Ist dies eine gute Frage?«

Auf den ersten Blick scheint »Was ist der Sinn des Lebens?« genau dieselbe Sorte Frage zu sein wie »Was ist die Hauptstadt von Albanien?« oder »Was ist die Farbe von Elfenbein?«. Aber stimmt das? Ist sie nicht eher vergleichbar mit »Was ist der Geschmack von Geometrie?«?

Es gibt einen häufig genannten Grund, weshalb manche Denker die Frage nach dem Sinn des Lebens selbst für eine sinnlose Frage halten. Sinn sei eine Sache der Sprache und nicht der Dinge. Er sei keine Eigenschaft von Dingen wie etwa die Textur, das Gewicht

* Vielleicht sollte ich anmerken, dass ich selbst kein Philosoph bin, zumal einige Rezensenten ohnehin darauf hinweisen werden.

oder die Farbe, sondern habe damit zu tun, wie wir über Dinge reden. Ein Kohlkopf oder ein Kardiograf sei nicht an sich sinnvoll, sondern werde es erst, wenn er sich in unseren Gesprächen wiederfinde. Nach dieser Theorie können wir dem Leben durch unser Reden einen Sinn geben, aus sich selbst heraus kann es keinen haben, ebenso wenig wie eine Wolke. Es hätte keinen Sinn, wenn man etwa von einer Wolke sagte, sie sei entweder wahr oder falsch. Wahr oder falsch können nur unsere Aussagen über Wolken sein. Wie die meisten philosophischen Argumente hat auch dieses seine Tücken. Auf einige davon werden wir später noch zurückkommen.

Lassen Sie uns einen kurzen Blick auf eine Frage werfen, die noch imposanter ist als die nach dem Sinn des Lebens. Die wohl grundlegendste Frage, die man überhaupt stellen kann, lautet: »Warum gibt es überhaupt etwas und nicht nichts?« Warum gibt es überhaupt etwas, nach dessen Sinn man fragen kann? Die Philosophen sind sich nicht einig, ob das eine echte Frage oder nur eine Scheinfrage ist, während die Theologen da in der Regel keine Zweifel haben. Für die meisten Theologen lautet die Antwort auf diese Frage »Gott«. Gott gilt nicht deshalb als »Schöpfer« des Universums, weil er eine Art globaler Großindustrieller wäre, sondern weil durch ihn überhaupt etwas ist und nicht vielmehr nichts. Und das wäre auch dann wahr, wenn das Universum keinen Anfang hätte. Gott bliebe der Grund dafür, dass überhaupt etwas ist und nicht vielmehr nichts, auch wenn schon immer und ewig etwas gewesen sein sollte.

»Warum gibt es überhaupt etwas und nicht nichts?« lässt sich grob übersetzen mit: »Woher kommt der Kosmos?« Das könnte man als eine Kausalfrage verstehen. Dann hieße »Woher kommt« so viel wie »Auf welche Weise ist er entstanden?«. Doch das ist mit dieser Frage ganz sicher nicht gemeint. Wenn wir die Frage beantworten wollen, indem wir darüber sprechen, wie das Universum auf den Weg gebracht wurde, müssen diese Ursachen ja selbst Teil von allem sein, und wir sind wieder da, wo wir angefangen hatten. Nur eine Ursache, die nicht selbst Teil von allem ist, sondern das Universum transzendiert, wie es sich für Gott gehört, könnte diesem Zirkel entkommen.

Es geht bei dieser Frage also gar nicht darum, wie die Welt entstanden ist. Und zumindest nach Ansicht der Theologen geht es auch nicht darum, wozu die Welt da ist, denn in ihren Augen dient die Welt keinem Zweck. Gott ist kein himmlischer Ingenieur, der die Welt auf ein strategisch berechnetes Ziel hin konstruiert hätte. Er ist ein Künstler, der sie einfach zu seinem Vergnügen und zum Vergnügen der Schöpfung selbst geschaffen hat. Klar, dass viele meinen, Gott müsse einen etwas seltsamen Humor haben.

Die Frage »Warum gibt es überhaupt etwas und nicht nichts?« drückt eher Staunen darüber aus, dass es überhaupt eine Welt gibt, obwohl doch bestimmt auch leicht gar nichts hätte sein können. Vielleicht hat Ludwig Wittgenstein das im Sinn, wenn er feststellt: »Nicht *wie* die Welt ist, ist das Mystische, sondern *dass* sie ist.«[2] Man könnte sagen, das sei Wittgensteins Version der von dem deutschen Philosophen Martin Heidegger so genannten *Seinsfrage*. »Wieso ist das Sein?« – das ist die Frage, zu der Heidegger zurückkehren möchte. Er interessiert sich weniger dafür, wie einzelnes Seiendes entstanden ist, als für die unglaubliche Tatsache, dass es überhaupt Seiendes gibt. Und diese Dinge sind unserem Verstand zugänglich, was ja leicht auch hätte anders sein können.

Für viele Philosophen – nicht zuletzt die angelsächsischen – ist die Frage »Wieso ist das Sein?« allerdings das Paradebeispiel einer Scheinfrage. In ihren Augen ist es nicht nur schwierig oder gar unmöglich, diese Frage zu beantworten, sondern auch äußerst zweifelhaft, ob es da überhaupt etwas zu beantworten gibt. Sie meinen, die Frage sei nur ein umständlicher teutonischer Ausdruck für »Wow!«. Sie sei etwas für Dichter oder Mystiker, nicht aber für Philosophen. Und vor allem in der angelsächsischen Welt sind die Barrikaden zwischen diesen beiden Lagern ziemlich gut bewacht.

In den *Philosophischen Untersuchungen* widmet Wittgenstein dem Unterschied zwischen echten Fragen und Scheinfragen große Aufmerksamkeit. Ein sprachlicher Ausdruck kann die grammatische Form einer Frage haben, ohne wirklich eine zu sein. Unsere Grammatik kann uns verleiten, eine Aussage für eine ganz andere zu halten. »Wenn der Feind besiegt ist, meine Mitbürger, was könnten wir in der Stunde des Sieges nicht erreichen?« Dieser Satz klingt wie eine Frage, die eine Antwort verlangt. In Wirklichkeit ist es eine rhetorische Frage, auf die man lieber nicht mit

»nichts« antworten sollte. Der Satz wurde nur in die Form einer Frage gekleidet, um seine dramatische Wirkung zu verstärken. »Na und?«, »Hast du noch alle Tassen im Schrank?« und »Was glotzt du so?« klingen wie Fragen, sind aber in Wirklichkeit keine. »Wo im Körper befindet sich die Seele?« mag sich wie eine vernünftige Frage anhören, allerdings nur, weil wir uns hier an Vorbildern wie »Wo im Körper befinden sich die Nieren?« orientieren. »Wo befindet sich mein Neid?« hat die Form einer koscheren Frage, aber auch nur, weil wir sie nach dem Muster »Wo befindet sich meine Achselhöhle?« formuliert haben.

Wittgenstein gelangt zu der Überzeugung, dass viele philosophische Rätsel auf solch einen falschen Gebrauch der Sprache zurückgehen. Betrachten wir zum Beispiel die Aussage »Ich habe Schmerzen«, die dem Satz »Ich habe einen Hut« grammatisch ähnlich ist. Diese Ähnlichkeit könnte uns zu der Ansicht verleiten, Schmerzen oder überhaupt »Empfindungen« seien etwas, das wir auf dieselbe Weise haben wie Hüte. Aber es wäre merkwürdig zu sagen: »Du kannst gern meinen Schmerz nehmen.« Und obwohl man durchaus fragen kann: »Ist das Ihr Hut oder meiner?«, klänge es doch komisch, wenn jemand fragte: »Ist das Ihr Schmerz oder meiner?« Vielleicht befinden sich mehrere Menschen in einem Raum, und der Schmerz geht reihum, und immer wenn einer vor Schmerz aufschreit, sagen wir: »Ah, jetzt hat *er* ihn.«

Das alles mag albern klingen, in Wirklichkeit hat es aber einige ziemlich bedeutende Folgen. Wittgenstein entwirrt die Grammatik von »Ich habe einen Hut« und »Ich habe Schmerzen« in einer Weise, die nicht nur Licht auf die Verwendung von Personalpronomen wie »ich« oder »er« wirft, sondern auch die weit verbreitete Annahme untergräbt, meine Empfindungen seien gewissermaßen mein Privateigentum. Tatsächlich scheinen sie ein noch privateres Eigentum zu sein als mein Hut, denn meinen Hut kann ich weggeben, meinen Schmerz dagegen nicht. Wittgenstein zeigt, wie die Grammatik uns so auf eine falsche Fährte lockt, und seine Klarstellung hat radikale, sogar politisch radikale Folgen.

Wittgenstein glaubte, der Philosoph habe weniger die Aufgabe, solche Probleme zu lösen, als vielmehr sie *auf*zulösen – indem er zeigte, dass sie aus der Verwechslung verschiedener »Sprachspiele« resultierten, wie er es nannte. Wir werden von der Struktur unserer Sprache gleichsam verhext, und der Philosoph sollte uns aus diesem Bann befreien, indem er die verschiedenen Verwendungsweisen der Wörter entwirrt. Sprache ist notgedrungen recht gleichförmig, deshalb sehen verschiedene sprachliche Äußerungen einander oft ziemlich ähnlich. Wittgenstein spielte übrigens mit dem Gedanken, seinen *Philosophischen Untersuchungen* ein Zitat aus Shakespeares *König Lear* voranzustellen: »Ich werde euch Unterschiede lehren.«

Doch nicht nur Wittgenstein vertrat solche Ansichten. Einer der größten Philosophen des neunzehnten Jahrhunderts, Friedrich Nietzsche, nahm Wittgensteins Gedanken vorweg: Er fragte, ob die Grammatik schuld daran sei, dass wir Gott nicht loswerden könnten. Da die Grammatik uns die Möglichkeit bietet, Substantive zu konstruieren, die für verschiedene Gegenstände stehen, lässt sie auch den Gedanken plausibel erscheinen, dass es sozusagen ein Substantiv aller Substantive gibt, einen Über-Gegenstand namens Gott, ohne den all die kleinen Gegenstände rundherum in sich zusammenbrächen. Nietzsche glaubte jedoch weder an Über-Gegenstände noch an ganz normale. Schon die Vorstellung, es gäbe einzelne Objekte wie Gott oder Stachelbeeren, wird in seinen Augen nur durch die verdinglichende Wirkung der Sprache verursacht. Genauso dachte er vom individuellen Ich, das für ihn nichts als eine konventionelle Erfindung war. Vielleicht, so meinte er, könne es eine menschliche Grammatik geben, die eine Verdinglichung dieser Art nicht zulässt. Vielleicht sollte diese Sprache die der Zukunft sein, die Sprache des »Übermenschen«, der Substantive und unterscheidbare Entitäten überwunden hätte und damit auch Gott und ähnliche metaphysische Illusionen.

Der Philosoph Jacques Derrida, der in seinem Denken Nietzsche vieles verdankt, ist in dieser Hinsicht pessimistischer. Für ihn wie für Wittgenstein sind solche metaphysischen Illusionen in die Struktur unserer Sprache eingebaut und können nicht ausgeräumt werden. Dem Philosophen bleibt nichts anderes übrig, als einen endlosen Kampf gegen Windmühlenflügel zu führen – einen Kampf, den Wittgenstein als eine Art Sprachtherapie sieht und den Derrida »Dekonstruktion« nennt.[3]

Wenn Nietzsche die Substantive für Quellen der Verdinglichung hielt, könnte man das auch von dem Wort »Leben« in der Frage »Was ist der Sinn des Lebens?« denken. Wir werden dem später noch genauer nachgehen. Vielleicht folgt die Frage auch unbewusst dem Muster einer ganz anderen Frage, und darin liegt der eigentliche Irrtum begründet. Wir können sagen: »Dies ist einen Dollar wert, und das auch. Wie viel ist nun beides zusammen wert?« Das legt nahe, wir könnten genauso sagen: »Dieser Lebensabschnitt hat Sinn, und dieser auch. Welchen Sinn haben nun alle Lebensabschnitte zusammen?« Doch aus der Tatsache, dass die Teile einen Sinn haben, folgt keineswegs, dass auch das Ganze einen übergeordneten Sinn hätte. Viele kleine Gegenstände fügen sich ja auch nicht zu einem einzigen großen zusammen, bloß weil sie alle rosa sind.

All das bringt uns natürlich dem Sinn des Lebens nicht näher. Trotzdem ist es sinnvoll, Fragen genauer zu untersuchen, weil die Beschaffenheit einer Frage wichtig ist, wenn man klären möchte, was als Antwort auf diese Frage gelten darf. Man könnte sogar behaupten, Fragen, nicht Antworten, seien das eigentlich Schwierige. Wir alle wissen, was für Antworten man auf dumme Fragen bekommt. Wer die richtigen Fragen stellt, öffnet möglicherweise einen ganz neuen Kontinent des Wissens, weil sich dadurch zahlreiche weitere Fragen von entscheidender Bedeutung auftun. Manche Philosophen der so genannten hermeneutischen Ausrichtung verstehen unter Realität das, was uns Antwort auf eine Frage gibt, was immer es sein mag. Und wie ein abgebrühter Gangster rückt auch die Realität nicht spontan und ohne jedes Verhör mit einem Geständnis heraus. Sie antwortet vielmehr nach Maßgabe der Fragen, die wir ihr stellen. Karl Marx machte einmal die etwas rätselhafte Bemerkung, die Menschen stellten sich nur Probleme, die sie auch lösen könnten – womit er vielleicht sagen wollte: Wenn wir über den begrifflichen Apparat verfügen, um eine Frage zu stellen, haben wir damit im Prinzip auch schon die Mittel, sie zu beantworten.

Zum Teil hat das seinen Grund in der Tatsache, dass Fragen nicht in einem Vakuum gestellt werden. Zwar wird die Lösung nicht gleich im Paket mitgeliefert, doch deuten Fragen zumindest darauf hin, was als Antwort gelten könnte. Sie weisen in eine bestimmte Richtung und zeigen uns so, wo wir suchen sollten. Man könnte die Geschichte des Wissens auch als Geschichte der Fragen schreiben, die zu stellen die Menschen für möglich oder notwendig hielten. Nicht jede Frage kann zu jeder Zeit gestellt werden. So hätte etwa Rembrandt nicht fragen können, ob die realistische Malerei durch die Fotografie überflüssig wird.

Damit will ich natürlich nicht sagen, dass sich alle Fragen beantworten ließen. Wir glauben gerne, wo ein Problem ist, müsse es eine Lösung geben. Wir meinen ja merkwürdigerweise auch oft, zerbrochene Gegenstände müssten unbedingt wieder zusammengesetzt werden. Doch es gibt viele Probleme, für die wir wahrscheinlich niemals eine Lösung finden werden, und viele Fragen, die auf ewig unbeantwortet bleiben.

Aus keiner historischen Quelle geht hervor, wie viele Haare Napoleons Kopf zierten, als er starb, und so werden wir das niemals wissen. Vielleicht ist das menschliche Gehirn einfach nicht in der Lage, bestimmte Fragen zu klären, etwa die nach dem Ursprung des Verstandes. Vielleicht ist das so, weil für uns keine evolutionäre Notwendigkeit besteht, diese Fragen zu beantworten – allerdings gibt es auch keine evolutionäre Notwendigkeit für uns, *Finnegans Wake* oder die Gesetze der Physik zu verstehen. Auf manche Fragen wissen wir keine Antwort, weil es keine gibt: etwa die Frage, wie viele Kinder Lady Macbeth hatte oder ob sich auf der Innenfläche von Sherlock Holmes' Oberschenkel ein kleines Muttermal befand. Diese Fragen können wir weder mit ja noch mit nein beantworten.

Es ist also möglich, dass es zwar eine Antwort auf die Frage nach dem Sinn des Lebens gibt, dass wir sie aber niemals erfahren werden. Falls das zutrifft, befinden wir uns in einer ähnlichen Situation wie der Erzähler in der Geschichte »Das Muster im Teppich« von Henry James, dem ein berühmter Schriftsteller anvertraut, in seinem Werk sei ein Muster verborgen, das in jedem Bild und jeder sprachlichen Wendung zum Ausdruck komme. Doch der Autor stirbt, bevor der verblüffte, vor Neugier berstende Erzähler herausfinden kann, was für ein Muster es ist. Vielleicht hatte der Autor ihn auf den Arm genommen. Oder vielleicht glaubte er tatsächlich, dass es in seinem Werk solch ein Muster gab, aber in Wirklichkeit stimmte das gar nicht. Vielleicht hatte der Erzähler das Muster schon gesehen, ohne zu begreifen, dass es das war, wonach er suchte. Oder vielleicht wäre letztlich jedes Muster, das er sich hätte ausdenken können, des Rätsels Lösung gewesen.

Möglicherweise besteht der Sinn des Lebens zumindest teilweise auch darin, dass man ihn nicht kennt. Wenn ich eine Rede halten muss, ist es schließlich auch besser, ich zähle dabei nicht noch die Wörter. Vielleicht geht das Leben gerade deshalb weiter, weil wir seinen fundamentalen Sinn nicht kennen, wie Karl Marx es vom Kapitalismus behauptete. Arthur Schopenhauer dachte so etwas Ähnliches, und in gewisser Weise auch Sigmund Freud. Nietzsche meinte in *Die Geburt der Tragödie*, der wahre Sinn des Lebens sei zu schrecklich, als dass wir ihn ertragen könnten, deshalb seien wir auf tröstliche Illusionen angewiesen, um weiterzumachen. Was wir »Leben« nennen, sei nur eine notwendige Fiktion. Ohne einen kräftigen Schuss Fantasie käme die Realität zum Stillstand.

Auch für manche moralischen Probleme lässt sich keine Lösung finden. Da es verschiedene Arten moralischer Werte gibt wie Mut, Mitgefühl, Gerechtigkeit und so weiter, und da diese Werte nicht immer miteinander vereinbar sind, kann es vorkommen, dass sie in einen tragischen Konflikt geraten. Max Weber bemerkte in diesem Zusammenhang düster: »Die Unvereinbarkeit und also die Unaustragbarkeit des Kampfes der letzten überhaupt *möglichen* Standpunkte zum Leben, die Notwendigkeit also: zwischen ihnen sich zu *entscheiden*«.[4] Und Isaiah Berlin schreibt in ähnlichem Ton: »In der Welt, auf die wir in der gewöhnlichen Erfahrung stoßen, haben wir es mit Entscheidungen zwischen gleich endgültigen Zielen und gleich absoluten Ansprüchen zu tun, von denen sich einige nur verwirklichen lassen, wenn man andere dafür opfert.«[5] Darin findet, könnte man sagen, eine tragische Variante des Liberalismus ihren Ausdruck, die anders als der seichte Kult der »Wahlmöglichkeiten« oder »Optionen« unserer Zeit bereit ist, die verheerenden Kosten ihres Engagements für Freiheit und Vielfalt zu tragen. Zugleich unterscheidet sich dieser Liberalismus von einer optimistischeren Form, die Vielfalt stets für segensreich und Konflikte zwischen sittlichen Werten grundsätzlich für erfrischend hält. Die Wahrheit ist, es gibt nun einmal Situationen, aus denen man nur mit schmutzigen Händen herauskommt. Jedes sittliche Gesetz zerfasert an den Rändern, wenn es hart genug auf die Probe gestellt wird. Der Romancier Thomas Hardy etwa wusste wohl, dass man sich in ein moralisches Dilemma manövrieren kann, aus dem es kein Entrinnen gibt. Was immer man tut, jemand kommt zu Schaden. Es gibt einfach keine Antwort auf die Frage, welches Ihrer Kinder Sie opfern sollen, wenn ein Nazischerge Ihnen befiehlt, eines von ihnen ans Messer zu liefern.[6]

Mehr oder weniger dasselbe gilt für das politische Leben. Es ist sicher ganz klar, dass die einzige Lösung für das Problem des Terrorismus politische Gerechtigkeit ist. Terrorismus, so grausam er sein mag, ist nicht in diesem Sinne irrational. Es gibt Situationen wie etwa in Nordirland, da erkennen die Leute, die zur Verwirklichung ihrer politischen Ziele Terror einsetzen, dass ihre Forderungen nach Gerechtigkeit und Gleichheit zumindest teilweise erfüllt sind. Sie sehen ein, dass weiterer Terror kontraproduktiv wäre, und erklären sich bereit, ihn aufzugeben. Im Blick auf den Terror fundamentalistischer Islamisten meinen manche, selbst wenn die arabischen Forderungen erfüllt würden – wenn man also eine gerechte Lösung für den Konflikt zwischen Israelis und Palästinensern fände, wenn alle amerikanischen Militärstützpunkte aus arabischen Territorien verschwänden und so weiter –, werde das Abschlachten unschuldiger Zivilisten weitergehen.

Möglicherweise stimmt das. Aber vielleicht bedeutet es nur, dass dieses Problem inzwischen bis zu einem Punkt eskaliert ist, an dem es keine Lösung mehr gibt. So ein Urteil ist nicht unbedingt defätistisch, sondern einfach realistisch. Zerstörerische Kräfte, die aus zunächst lösbaren Problemen hervorgehen, können eine tödliche Eigendynamik entwickeln. Vielleicht ist es einfach schon zu spät, der Ausbreitung des Terrorismus Einhalt zu gebieten. In diesem Fall gäbe es keine Lösung für das Problem des Terrorismus – eine These, die kaum ein Politiker öffentlich vertreten könnte und die auch für die meisten anderen Menschen inakzeptabel wäre, nicht zuletzt für chronisch optimistische Amerikaner. Dennoch könnte sie wahr sein. Weshalb sollten wir glauben, dass es für jedes Problem auch eine Lösung gibt?

Eine der mächtigsten Fragen nach dem Sinn des Lebens, auf die es keine optimistische Antwort gibt, kennen wir unter der Bezeichnung *Tragödie*. Von allen

Kunstformen fragt die Tragödie am nachdrücklichsten und unerbittlichsten nach dem Sinn des Lebens und zeigt sich unerschrocken bereit, die furchtbarsten Antworten auf diese Frage zu geben. In ihrer vollendeten Gestalt ist die Tragödie eine mutige Reflexion über das Wesen des menschlichen Daseins. Sie hat ihren Ursprung in einer antiken Kultur, in der das Leben unsicher, gefährlich und schrecklich unberechenbar war. In den Augen der antiken Tragödiendichter erhellt das schwache Licht der Vernunft die Welt nur sporadisch. Vergangene Taten lasten auf den Unternehmungen der Gegenwart und ersticken sie im Keim. Die Menschen sind dem Würgegriff rachsüchtiger Mächte ausgesetzt, die sie zu zerreißen drohen. Aussicht auf Überleben hat nur, wer auf dem gefährlichen Weg durch das Minenfeld des Daseins den Kopf nicht zu hoch trägt und grausam launenhaften Göttern seine Ehrerbietung erweist, die eigentlich kaum den Respekt des Menschen, geschweige denn seine gläubige Anbetung verdienen. Gerade die Fähigkeiten, mit denen der Mensch auf diesem unsicheren Terrain Halt finden könnte, drohen ständig außer Kontrolle zu geraten, sich gegen ihn zu wenden und ihn ins Verderben zu stürzen. In diesen furchterregenden Verhältnissen lässt Sophokles den Chor am Schluss seines *König Ödipus* den düsteren Ausspruch tun: »Und preiset glücklich keinen, eh denn er an des Lebens Ziel gedrungen, Unglück nicht erfahren hat.«

Das mag eine Reaktion auf das Problem des menschlichen Daseins sein, kann aber kaum als Lösung gelten. Für die Tragödie gibt es oft genug keine Antwort auf die Frage, warum Menschen vernichtet und auf unerträgliche Weise zugerichtet werden, warum Ungerechtigkeit und Unterdrückung unter den Menschen herrschen oder warum sie sich so sehr täuschen lassen, dass sie das gebratene Fleisch ihrer eigenen Kinder essen. Eher schon liegt die Antwort in der Fähigkeit, sich diesen Herausforderungen zu stellen, in der Tiefe und der Kunst, mit denen diesen Fragen begegnet wird. In ihren stärksten Ausprägungen ist die Tragödie eine Frage ohne Antwort, die uns bewusst jeden ideologischen Trost verweigert. Sie beweist uns mit jeder Geste, dass dieses Dasein unerträglich für den Menschen ist, und fordert uns auf, für die Qualen eine Lösung zu finden, die mehr ist als bloß Wunschdenken, reformistisches Stückwerk, sentimentaler Humanismus oder ein idealistisches Allheilmittel. Sie zeichnet eine Welt, die dringend der Erlösung bedarf, zugleich legt sie nahe, dass gerade der Gedanke der Erlösung nur ein weiteres Ablenkungsmanöver von dem Grauen sein könnte, das uns versteinern lässt.[7]

Heidegger vertritt in seinem Werk *Sein und Zeit* die Auffassung, der Mensch unterscheide sich von anderen Lebewesen durch die Fähigkeit, sein eigenes Dasein in Frage zu stellen. Er ist das Wesen, dem das Dasein nicht nur in einzelnen Merkmalen, sondern als solches zum Problem wird. Auch dem Warzenschwein mag die eine oder andere Situation problematisch erscheinen, doch der Mensch ist nach dieser Vorstellung jenes eigentümliche Wesen, das seine Situation als Frage und seine verzwickte Lage als Quelle der Angst oder Grund zur

Hoffnung, als Last, Geschenk, Bedrohung oder absurdes Geschehen begreifen kann. Und das gerade auch deshalb, weil der Mensch sich – wahrscheinlich im Unterschied zum Warzenschwein – der Endlichkeit seines Lebens bewusst ist. Der Mensch ist wohl das einzige Tier, das beständig im Schatten des Todes lebt.

Dennoch hat Heideggers Argument etwas entschieden »Modernes«. Nicht dass Aristoteles oder Attila sich ihrer Sterblichkeit nicht bewusst gewesen wären, auch wenn der Hunnenkönig sich der Sterblichkeit anderer wahrscheinlich stärker bewusst war als seiner eigenen. Auch können Menschen, nicht zuletzt dank der Sprache, ihre eigene Existenz in einer Weise objektivieren, wie es einer Schildkröte nicht möglich sein dürfte. Wir können von einer *conditio humana* sprechen, während eine Schildkröte im Schutze ihres Panzers kaum dazu kommen wird, über die Bedingungen des Schildkrötenseins zu sinnieren. In dieser Hinsicht haben die Schildkröten eine bemerkenswerte Ähnlichkeit mit den Vertretern der Postmoderne, denen die Idee der *conditio humana* ebenso fremd ist. Die Sprache eröffnet uns also nicht nur die Möglichkeit, uns selbst zum Gegenstand der Reflexion zu machen, sondern auch unsere Situation als Ganze in den Blick zu nehmen. Da wir mit Zeichen leben, die auch die Fähigkeit zur Abstraktion mit sich bringen, können wir auf Distanz zu unmittelbaren Zusammenhängen gehen, uns von den Fesseln unserer körperlichen Sinne befreien und über die Bedingungen des Menschseins als solche nachdenken. Doch wie das Feuer ist auch das Abstraktionsvermögen eine zwiespältige Gabe, schöpferisch und zerstörerisch zugleich. Sie erlaubt uns, über die Gemeinschaft als Ganze nachzudenken, aber auch, die Gemeinschaft als Ganze mit chemischen Waffen zu vernichten.

Wenn wir auf solche Weise Distanz schaffen, bedeutet das nicht, dass wir aus unserer Haut schlüpften oder von einer olympischen Warte auf die Welt herabschauten. Über die Welt nachzudenken ist Teil unserer Art, in der Welt zu sein. Auch wenn die »menschliche Situation als solche« sich als metaphysische Fata Morgana erweisen sollte, bleibt sie doch ein vorstellbarer Gegenstand der Spekulation. Deshalb hat Heideggers These durchaus etwas für sich. Andere Tiere mögen von der Sorge getrieben sein, einem Raubtier zu entkommen oder ihre Jungen zu füttern, man hat aber nicht den Eindruck, sie litten unter einer »ontologischen Angst«, also dem (gelegentlich von einem besonders heftigen Kater begleiteten) Gefühl, man sei ein sinnloses, überflüssiges Wesen – eine »nutzlose Leidenschaft«, wie Jean-Paul Sartre es ausdrückt.

Von Furcht, Angst, Ekel, Absurdität und dergleichen als Kennzeichen der *conditio humana* ist allerdings bei Künstlern und Philosophen des zwanzigsten Jahrhunderts sehr viel häufiger die Rede als etwa bei solchen des zwölften Jahrhunderts. Das moderne Denken ist zutiefst geprägt von der Überzeugung, dass die menschliche Existenz *kontingent* sei, also keinen Grund und kein Ziel, keine Richtung oder Notwendigkeit besitze und der Mensch ebenso gut auch nicht hätte entstehen können. Diese Möglichkeit untergräbt unsere tatsächliche Anwesenheit und wirft ständig einen Schatten des Verlusts und des Todes darauf. Selbst in unseren ekstatischsten Momenten spüren wir dunkel, dass wir auf sumpfigem Untergrund wandeln – dass unser Sein und Tun kein unangreifbares Fundament besitzt. Dadurch mögen unsere schönsten Augenblicke noch kostbarer werden – oder aber vollkommen wertlos.

Diese Vorstellung hätte bei Philosophen des zwölften Jahrhunderts kaum Anhänger gefunden. In ihren Augen hatte die menschliche Existenz ein festes Fundament, bekannt unter dem Namen »Gott«. Doch selbst für sie bedeutete das nicht, dass unser Dasein in der Welt eine Notwendigkeit wäre. Dieser Gedanke wäre sogar als ketzerisch empfunden worden. Dass Gott über seiner Schöpfung steht, bedeutete unter anderem, dass er sie keineswegs hervorbringen *musste*. Er tat es aus Liebe, nicht aus Notwendigkeit. Und das gilt auch für die Erschaffung des Menschen. Die menschliche Existenz ist nichts Unerlässliches, sondern entspringt dem freien göttlichen Willen. Sie ist Gnade und Geschenk. Gott wäre auch bestens ohne uns ausgekommen und hätte bestimmt ein ruhigeres Leben führen können, wenn er uns nicht geschaffen hätte. Möglicherweise hat er sogar bereut, dass er sich auf diese Vaterschaft einließ. Erst missachteten die Menschen seine Gesetze, und dann verloren sie auch noch den Glauben an ihn, während sie weiterhin ungehemmt gegen seine Gebote verstießen.

So könnte es sein, dass die Suche nach dem Sinn des Lebens eine beständige Möglichkeit für den Menschen ist – ein Teil von alledem, was uns zu den Wesen macht, die wir sind. Hiob stellte die Frage im Alten Testament ebenso nachdrücklich wie Jean-Paul Sartre. Doch für die meisten Hebräer der Antike dürfte sie irrelevant gewesen sein, weil die Antwort auf der Hand lag. Jahwe und seine Gesetze waren der Sinn des Lebens; es wäre undenkbar gewesen, das nicht zu erkennen. Selbst Hiob, für den das menschliche Dasein (oder zumindest sein Anteil daran) nur ein schrecklicher Fehler war, der so schnell wie möglich behoben werden sollte, erkannte Jahwes allmächtige Gegenwart an.

Die Frage nach dem Sinn des Lebens wäre einem alten Hebräer ebenso abwegig erschienen wie die Frage, ob er an Gott glaube. Für die meisten Menschen unserer Zeit, darunter auch viele religiöse, ist diese Frage vergleichbar mit »Glauben Sie an den Weihnachtsmann?« oder »Glauben Sie an Entführungen durch Außerirdische?«. Nach dieser Vorstellung gibt es Wesen, von Gott oder dem Yeti bis hin zum Ungeheuer von Loch Ness oder den Besatzungen von UFOs, die möglicherweise existieren oder auch nicht. Die Beweise dafür sind nicht eindeutig und die Meinungen entsprechend geteilt. Ein alter Hebräer wäre wohl gar nicht auf die Idee gekommen, dass die Frage so gemeint sein könne. Da alles im Himmel und auf Erden von Jahwes Gegenwart zeugte, konnte sie für ihn höchstens heißen: »Vertraust du auf Gott?« Es ging nicht um eine intellektuelle Aussage, sondern um etwas ganz Praktisches. Nicht um eine Meinung, sondern um eine Beziehung.

Vielleicht plagten sich vormoderne Völker entgegen Heideggers sehr allgemeinen Behauptungen nicht so mit der Frage nach dem Sinn des Lebens wie wir heute. Und das nicht nur, weil ihr Glaube weniger in Frage gestellt wurde, sondern auch, weil ihre soziale Praxis nicht so problematisch war. Vielleicht liegt der Sinn des Lebens unter solchen Umständen darin, mehr oder weniger das zu tun, was die Vorfahren taten und was uralte soziale Konventionen verlangten. Religion und Mythen geben vor, was wirklich zählt. Der Gedanke, ein einzelnes Leben könne einen besonderen Sinn haben, der sich vom Sinn des Lebens aller anderen Menschen unterscheide, hätte nicht viele Anhänger gefunden. Der Sinn eines Lebens bestand weitgehend in seiner Funktion innerhalb eines größeren Ganzen. Außerhalb dieses Zusammenhangs war der Mensch allenfalls ein leeres Zeichen. Das Wort »individuell« bedeutet ursprünglich »unteilbar« oder »untrennbar«. Homers Odysseus hat ungefähr so ein Lebensgefühl, Shakespeares Hamlet hat es eindeutig nicht.

Die Auffassung, der Sinn des Lebens leite sich von einem großen Ganzen ab, ist überhaupt nicht unvereinbar mit einem robusten Ichgefühl. Hier geht es nämlich um die Bedeutung des individuellen Ich-Seins und nicht um dessen Realität. Sicher haben die Menschen in vormodernen Zeiten sich ab und an auch gefragt, wer sie sind und was sie hier tun. Nur bewegte sie diese Frage offenbar weniger als etwa Albert Camus oder den frühen T. S. Eliot. Und das hat viel mit ihrem Glauben zu tun.

Wenn vormoderne Kulturen sich weniger mit der Frage nach dem Sinn des Lebens herumschlugen als Franz Kafka, so scheint Ähnliches auch für die postmodernen Kulturen zu gelten. Im pragmatisch-gewieften Klima des fortgeschritten postmodernen Kapitalismus mit seiner Skepsis gegenüber dem großen Bild oder der großen Erzählung und seiner nüchtern-desillusionierten Haltung zum Metaphysischen ist das »Leben« nur eine von vielen in Misskredit geratenen Totalitäten. Man fordert uns auf, klein statt groß zu denken – ironischerweise genau in dem Moment, da ein paar Leute, die sich die Zerstörung der westlichen Zivilisation zum Ziel gesetzt haben, exakt das Gegenteil tun. Im Konflikt zwischen dem westlichen Kapitalismus und dem radikalen Islam entspricht der Glaubensmangel auf der einen Seite dem Übermaß an Glauben auf der anderen. Der Westen sieht sich einem metaphysischen Großangriff ausgesetzt, und das zu einer Zeit, da er selbst sozusagen philosophisch abgerüstet hat. Was den Glauben angeht, reist die Postmoderne lieber mit leichtem Gepäck. Sie glaubt so manches, doch hat sie keinen Glauben.

Selbst der Begriff »Sinn« gilt postmodernen Denkern wie dem französischen Philosophen Gilles Deleuze als suspekt, wird damit doch unterstellt, dass eine Sache eine andere repräsentieren oder für sie stehen könne – ein Gedanke, den manche für *passé* halten. Damit gerät auch die Idee der Interpretation unter Beschuss. Die Dinge sind einfach sie selbst und nicht etwa rätselhafte Zeichen von etwas anderem. Was du siehst ist, was du kriegst. Sinn und Deutung legen verborgene Botschaften oder Mechanismen nahe und eine unter der Oberfläche verborgene Tiefe. Doch für das postmoderne Denken riecht das ganze Modell aus Oberfläche und Tiefe nach einer altmodischen Metaphysik. Dasselbe gilt für das Ich, das nun nichts mehr mit geheimen Winkeln und innerer Tiefe zu tun hat, sondern offen daliegt, eher ein dezentriertes Netzwerk als ein geheimnisvoll-unzugänglicher Geist.

Ganz anders sah das eine vormoderne Form der Weltdeutung, die wir als Allegorie kennen. Für die Allegorie stellen die Dinge ihre Bedeutung nicht offen zur Schau, sondern müssen als Zeichen eines darunterliegenden »Textes« oder einer verborgenen Wahrheit meist moralischer oder religiöser Art verstanden werden. Die Dinge als solche zu betrachten ist für Augustinus lediglich Ausdruck einer dem Fleisch verhafteten, sündhaften Daseinsart. Stattdessen müssen wir sie semiotisch lesen und als etwas verstehen, das über sich selbst hinausweist auf den göttlichen Text, das Universum. Semiotik und Erlösung gehen Hand in Hand. Das Denken der Moderne bricht in einer Hinsicht mit diesem Modell und bleibt ihm in anderer Hinsicht treu. Sinn und Bedeutung sind nicht länger eine spirituelle Essenz, die unter der Oberfläche der Dinge verborgen liegt. Doch sie müssen immer noch zutage gefördert werden, da die Welt sie nicht von sich aus enthüllt. Ein

Name für dieses außergewöhnliche Unternehmen ist »Wissenschaft«. Nach einem bestimmten Verständnis versucht die Wissenschaft, jene unsichtbaren Gesetze und Mechanismen zu enthüllen, die der Operationsweise der Dinge zugrunde liegen. Es gibt noch Tiefen, doch nicht mehr Gott ist darin am Werk, sondern die Natur.

Die Postmoderne treibt diese Säkularisierung einen Schritt weiter. Solange wir noch von Tiefe, Wesen und Grund reden, beharrt sie, sind wir immer noch in der Ehrfurcht gebietenden Gegenwart des Allmächtigen. Wir haben Gott nicht wirklich getötet und begraben. Wir geben ihm lediglich eine Reihe großartiger neuer Namen wie Natur, Mensch, Vernunft, Geschichte, Macht, Begehren und so weiter. Statt den ganzen veralteten Apparat der Metaphysik und Theologie zu verschrotten, verpassen wir ihm nur einen neuen Inhalt. Erst wenn wir mit der ganzen Vorstellung einer »tieferen« Bedeutung brechen, die uns immer nur verleiten wird, der Schimäre eines letzten Sinnes nachzujagen, können wir wirklich frei sein. Natürlich nicht frei, wir selbst zu sein, denn wir haben auch das metaphysische Wesen verschrottet, das wir Ich nennen. Was genau durch dieses Projekt freigesetzt werden soll, bleibt mithin ein Rätsel. Es kann durchaus sein, dass auch das postmoderne Denken bei aller Abneigung gegen absolute Begründungen heimlich etwas Absolutes in seine Argumentation einschmuggelt. Natürlich ist das nicht Gott oder die Vernunft oder die Geschichte, doch es tut so, als hätte es eine ähnlich grundlegende Funktion.

Wie immer bei Absolutem ist es auch hier unmöglich, dahinter zu gelangen. Im postmodernen Denken nennt man es Kultur.

*

Die große Sinnfrage taucht meist in Zeiten auf, in denen bislang als gesichert geltende Rollen, Überzeugungen und Konventionen in eine Krise geraten. Vielleicht ist es kein Zufall, dass die besten Werke der Tragödie auch eher in solchen Epochen entstehen. Das soll keineswegs heißen, die Frage nach dem Sinn des Lebens sei nicht berechtigt. Doch es ist sicher nicht bedeutungslos für Heideggers Gedankengang in *Sein und Zeit*, dass dieses Buch in einer Periode historischen Umbruchs entstand, nämlich kurz nach dem Ersten Weltkrieg. Jean-Paul Sartres *Das Sein und das Nichts*, das Fragen von gleicher Tragweite nachgeht, erschien mitten im Zweiten Weltkrieg, und der Existenzialismus mit seinem Gespür für die Absurdität des menschlichen Lebens erlebte seine Blütezeit in den Nachkriegsjahrzehnten. Vielleicht denken alle Menschen über den Sinn des Lebens nach, doch manche aus guten geschichtlichen Gründen eben intensiver als andere.

Sollten Sie sich gezwungen sehen, intensiv über den Sinn des Daseins schlechthin nachzudenken, kann man jede Wette eingehen, dass die Welt aus den Fugen geraten ist. Die Frage nach dem Sinn des eigenen Lebens ist etwas anderes, denn man könnte behaupten, dass Selbstreflexion normaler Bestandteil eines erfüllten Lebens sei. Wer sich noch nie gefragt hat, wie es um das eigene Leben bestellt ist und ob es nicht verbesserungsfähig wäre, dem scheint es in erheblichem Maße an Selbsterkenntnis zu mangeln. Im Leben eines solchen Menschen dürfte es mehrere Bereiche geben, in denen es nicht besonders gut läuft. Allein die Tatsache, dass er sich nicht fragt, wie es um sein Leben steht, lässt vermuten, dass nicht alles ist, wie es sein sollte. Wenn sich in Ihrem Leben alles bestens entwickelt, dürfte das auch daran liegen, dass Sie von Zeit zu Zeit grübeln, ob Sie ein wenig daran herumbasteln oder etwas verändern sollten.

In jedem Fall wird das Bewusstsein, dass Sie Ihr Leben gut meistern, Ihr Wohlbefinden stärken, und es wäre unsinnig, auf diese weitere Steigerung Ihrer allgemeinen Zufriedenheit zu verzichten. Mit anderen Worten, es stimmt nicht, dass man nur dann glücklich ist, wenn man es nicht weiß. Dieser naiv romantischen Vorstellung zufolge ist Selbstreflexion auf fatale Weise hinderlich. Man könnte es die Drahtseilakt-Theorie des Lebens nennen: Wer nachdenkt, stürzt ab. Doch wir müssen wissen, wie die Dinge stehen, wenn wir uns fragen, ob wir sie verändern oder so lassen sollen, wie sie sind. Wissen ist ein Weg zum Glück, nicht sein Gegenspieler.

Wenn wir aber nach dem Sinn des menschlichen Daseins schlechthin fragen, ist zu vermuten, dass wir als Gemeinschaft den Weg verloren haben, wie immer wir als Einzelne dastehen mögen. Irgendwann um 1870 oder 1880 lösten sich in Großbritannien einige zentrale viktorianische Gewissheiten zu dieser Frage auf, mit der Folge, dass etwa Thomas Hardy und Joseph Conrad die Frage nach dem Sinn des Lebens mit einer Nachdrücklichkeit stellten, die bei William Thackeray, Anthony Trollope und noch früher bei Jane Austen unvorstellbar gewesen wäre. Natürlich hatten Künstler die Frage schon vor 1870 aufgeworfen, doch selten im Rahmen einer ganzen *Kultur* des Infragestellens. In den ersten Jahrzehnten des zwanzigsten Jahrhunderts hatte diese Kultur mit den dazugehörigen Ängsten dann die Gestalt der Moderne angenommen. Diese Strömung sollte einige der herausragendsten literarischen Werke der westlichen Welt hervorbringen.

Da nahezu alle überkommenen Werte, Glaubenssätze und Institutionen in Frage gestellt wurden, war es für die Kunst an der Zeit, energisch nach dem Schicksal der westlichen Kultur und darüber hinaus der ganzen Menschheit zu fragen. Ein langweiliger Vulgärmarxist könnte natürlich einen Zusammenhang herstellen zwischen diesem kulturellen Umbruch und der wirtschaftlichen Rezession der spätviktorianischen Zeit, dem Beginn einer globalen imperialistischen Kriegführung im Jahr 1916, der bolschewistischen Revolution, dem Aufstieg des Faschismus, der Weltwirtschaftskrise zwischen den Kriegen, dem Beginn des Völkermordes und dergleichen. Wir dagegen ziehen es vor, unsere Spekulationen weniger vulgär auf das geistige Leben zu beschränken.

Diese fruchtbare, turbulente geistige Strömung fand, wie wir gesehen haben, einen späten Nachklang im

Existenzialismus, doch in den fünfziger Jahren befand sie sich generell auf dem Rückzug. Eine späte Blüte erlebte sie dann noch einmal in den Gegenkulturen der sechziger Jahre, aber schon Mitte der Siebziger flauten diese spirituellen Ambitionen wieder ab, verdrängt von einem immer harscheren und pragmatischeren politischen Klima. Der Poststrukturalismus und die Postmoderne verwarfen jeden Versuch, über das menschliche Leben als solches nachzudenken, als »humanistisch« im anrüchigen Sinne – oder sogar als jene Art »totalisierender« Theorie, die direkt zu den Todeslagern und zum totalitären Staat geführt hatte. Es gab nun nichts mehr zu betrachten, das man als Menschheit oder als menschliches Leben hätte bezeichnen können. Es gab lediglich Unterschiede, spezifische Kulturen und lokale Gegebenheiten.

Vielleicht dachte das zwanzigste Jahrhundert auch deshalb verzweifelter über die Frage nach dem Sinn des Daseins nach als die meisten anderen Epochen, weil ihm das menschliche Leben so erschreckend wenig galt. Es war das bei weitem blutigste Jahrhundert der Weltgeschichte, mit Millionen von Todesopfern. Wenn man das Leben in der Praxis derart drastisch entwertet, muss man wohl damit rechnen, dass sein Sinn in der Theorie in Frage gestellt wird. Doch hier geht es auch noch um ein allgemeineres Thema: Es ist typisch für die Moderne, dass die symbolische Dimension des menschlichen Lebens immer stärker an den Rand gedrängt wurde. Innerhalb dieser Dimension waren drei Bereiche traditionell von lebenswichtiger Bedeutung:

Religion, Kunst und Sexualität. Alle drei verloren mit fortschreitender Modernisierung ihre zentrale Stellung im öffentlichen Leben. In vormodernen Gesellschaften gehörten sie meist zur öffentlichen wie auch zur privaten Sphäre. Religion war nicht allein eine Sache des persönlichen Gewissens und des individuellen Seelenheils, sondern auch der staatlichen Macht, der öffentlichen Rituale und der nationalen Ideologien. Als wesentliches Moment internationaler Politik bestimmte sie das Schicksal der Nationen, von Bürgerkriegen bis hin zu dynastischen Eheschließungen. Es gibt unheilvolle Anzeichen dafür, dass unsere Zeit in gewisser Hinsicht zu diesen Verhältnissen zurückkehrt.

Was die Kunst betrifft, so war der Künstler keine isolierte, entfremdete Gestalt, die sich die Zeit in einem heruntergekommenen Boheme-Café vertrieb, sondern ein öffentlicher Funktionsträger mit einer festgelegten Aufgabe innerhalb des Stammes, des Clans oder der höfischen Gesellschaft. Wenn er nicht gerade in Diensten der Kirche stand, so zumindest in denen des Staates oder eines mächtigen und hochrangigen Mäzens. Künstler waren eher weniger geneigt, über den Sinn des Lebens nachzugrübeln, wenn sie gerade den lukrativen Auftrag für die Komposition eines Requiems erhalten hatten. Außerdem war die Frage für sie weitgehend durch ihren Glauben beantwortet. Die Sexualität war damals wie heute eine Sache erotischer Liebe und persönlicher Erfüllung. Doch sie war auch enger mit den Institutionen der Verwandtschaft, des Erbes, der

Klasse, des Eigentums, der Macht und der gesellschaftlichen Stellung verzahnt, als sie es heute für die meisten von uns ist.

Damit will ich keineswegs die guten alten Zeiten idealisieren. Religion, Kunst und Sexualität mögen damals wichtiger für den öffentlichen Bereich gewesen sein, doch aus genau denselben Gründen konnten sie auch als willfährige Mägde der politischen Macht dienen. Als sie sich dieser Macht endlich entzogen, genossen sie ein Maß an Freiheit und Autonomie, von dem sie bis dahin nicht einmal geträumt hatten. Doch der Preis für diese Freiheit war hoch. Die symbolischen Aktivitäten erfüllten weiterhin eine wichtige öffentliche Funktion, aber sie wurden zunehmend in die Privatsphäre verdrängt, wo sie dann wirklich nur noch den Einzelnen etwas angingen.

Was bedeutet das nun für die Frage nach dem Sinn des Lebens? Nun, dies waren genau die Bereiche, an die sich die Menschen traditionell wandten, wenn sie nach Sinn und Wert ihres Daseins fragten. Liebe, Glaube und der besondere Wert der eigenen Gruppe oder Kultur – es lassen sich kaum fundamentalere Gründe für das Leben finden. Tatsächlich waren über die Jahrhunderte zahlreiche Menschen bereit, dafür zu sterben oder zu töten. Die Menschen wandten sich diesen Werten umso begieriger zu, als der öffentliche Bereich immer stärker von Sinn entleert wurde. Tatsachen und Werte schienen auseinandergedriftet zu sein, Erstere blieben eine öffentliche Angelegenheit, Letztere wurden Privatsache.

Die kapitalistische Moderne hatte uns, wie es schien, ein nahezu vollkommen instrumentelles Wirtschaftssystem beschert. Eine Lebensweise, die ganz auf Macht, Profit und das Geschäft des materiellen Überlebens ausgerichtet ist, statt die Werte des Teilens und der Solidarität zwischen den Menschen zu fördern. Die Politik war eher eine Sache des Managements und der Manipulation statt der gemeinsamen Gestaltung gemeinschaftlichen Lebens. Selbst die Vernunft war zu bloßer Berechnung im Dienste des Eigennutzes verkommen. Und die Moral – auch sie war zunehmend zur Privatsache geworden, die eher das Schlafzimmer als den Sitzungssaal betraf. Das kulturelle Leben hatte allerdings in einer Hinsicht größere Bedeutung erlangt, denn es entwickelte sich zu einem ganzen Industriezweig der materiellen Produktion. In anderer Hinsicht schrumpfte die Kultur allerdings zur bloßen Schaufensterdekoration einer gesellschaftlichen Ordnung, die immer weniger Zeit für Dinge hatte, denen sie keinen Preis und kein Maß zuweisen konnte. In der Kultur ging es nun hauptsächlich um die Frage, wie man die Menschen auf harmlose Weise ablenkte, wenn sie nicht arbeiteten.

Doch auch dies war nicht ohne Ironie. Je mehr Kultur, Religion und Sexualität gezwungen waren, als Ersatz für den Schwund der Werte im öffentlichen Bereich zu fungieren, desto weniger waren sie in der Lage dazu. Je mehr der Sinn sich im symbolischen Bereich konzentrierte, desto stärker sorgte der auf diesem Bereich lastende Druck dafür, dass ihm die Wahrheit abhanden kam. In der Folge begannen alle drei Bereiche des symbolischen Lebens pathologische Symptome zu zeigen. Aus der Sexualität wurde eine exotische Obsession. In einer abgeklärten Welt war sie nun eine der letzten Quellen für Sensationen. Schockierendes Sexualverhalten und Ausschweifungen mussten als Ersatz für politische Militanz herhalten. Die Kunst erlebte eine ähnliche Aufblähung ihres Wertes. Für die ästhetische Bewegung war sie nun nichts Geringeres als Vorbild für das ganze Leben. Manchen Vertretern der modernen Kunst galt sie als letzter, gefährdeter Zufluchtsort des menschlichen Wertes in der menschlichen Zivilisation – einer Zivilisation, der sie selbst verächtlich den Rücken gekehrt hatte. Doch das betraf nur die Form des Kunstwerks. Da der Inhalt Ausdruck der verdinglichten Welt blieb, konnte die Kunst keine dauerhafte Quelle der Erlösung sein.

Je stärker nun die Religion sich als Alternative zum stetig ausblutenden öffentlichen Sinnangebot anzubieten schien, desto deutlicher wurde sie in diverse hässliche Formen von Fundamentalismus gedrängt. Und wenn nicht dorthin, so in das Geschwafel des New Age. Kurz gesagt, die Spiritualität war entweder beinhart oder windelweich. Die Frage nach dem Sinn des Lebens lag nun in den Händen von Gurus und spirituellen Masseuren, Technologen vorgefertigter Zufriedenheit und Chiropraktikern der Psyche. Bei korrekter Anwendung der Technik konnte man sicher sein, die Plauze der Sinnlosigkeit innerhalb weniger Wochen abzuspecken. Prominente, deren Verstand von Schmeicheleien umnebelt war, wandten sich der Kabbala und Scientology zu. Sie erlagen dem banalen Missverständnis, Spiritualität könne nichts Praktisches und Materielles, sondern müsse etwas Fremdartiges oder Esoterisches sein. Schließlich war es das Materielle in Gestalt von Privatjets und Horden von Betreuern, dem sie (zumindest mental) zu entkommen versuchten.

Für diesen Typus war das Spirituelle lediglich die Kehrseite des Materiellen. Eine Art Fertig-Mysterium, das einen Ausgleich für die Sinnlosigkeit irdischen Ruhms bieten konnte. Je verschwurbelter das Ganze daherkam, je weniger es den seelenlosen Rechenkünsten der eigenen Agenten und Steuerberater ähnelte, desto bedeutungsschwerer gab es sich. Wenn es dem alltäglichen Leben an Sinn fehlte, musste man es mit solchem Zeug künstlich aufpeppen. Von Zeit zu Zeit konnte man es mit einem Schuss Astrologie oder Nekromantie würzen, wie man die tägliche Nahrung durch ein paar Vitamintabletten ergänzte. Die Erforschung der Geheimnisse des alten Ägypten bot eine angenehme Abwechslung von der ermüdenden Aufgabe, eine weitere Fünfzig-Zimmer-Villa zu finden. Da Spiritualität ausschließlich im Kopf stattfindet, waren auch keine unbequemen praktischen Maßnahmen erforderlich – etwa der lästigen Villenfrage zu entgehen, indem man sein Geld an Obdachlose verteilte.

Die Geschichte hat jedoch noch eine andere Seite. Der symbolische Bereich wurde nicht nur vom öffentlichen abgespalten, sondern auch von ihm vereinnahmt. Die Sexualität wurde gewinnbringend als Ware vermarktet, und für Kultur standen größtenteils die profitgierigen Massenmedien. Kunst war eine Frage von Geld, Macht, gesellschaftlicher Stellung und kulturellem Kapital. Kulturen wurden nun von der Touristikbranche exotisch verpackt und verhökert. Selbst die Religion entwickelte sich zu einer gewinnbringenden Industrie, in der Fernsehprediger den frommen und leichtgläubigen Armen ihr schwer verdientes Geld aus der Tasche zogen. Damit hatten wir das Schlechteste beider Welten erfolgreich vereint: Die Orte, an denen Sinn traditionell in größter Fülle sprudelte, hatten nun kaum noch Einfluss auf den öffentlichen Bereich. Zugleich aber waren diese Orte so aggressiv von kommerziellen Kräften kolonisiert worden, dass sie nun selbst Teil des Sinnverlusts wurden, dem sie einst entgegenwirken wollten. Der inzwischen privatisierte Bereich des symbolischen Lebens stand unter dem Druck, mehr zu liefern, als er mit Anstand konnte. In der Folge fiel es auch in der Privatsphäre immer schwerer, Sinn zu finden. Fiedeln, während die Zivilisation in Flammen stand, oder den eigenen Garten bestellen, während die Geschichte um einen herum in sich zusammenstürzte, schienen keine so brauchbaren Optionen mehr zu sein wie früher.

In unserer Zeit ist eine der populärsten und einflussreichsten Branchen der Kulturindustrie zweifellos der Sport. Wenn man fragt, woraus heutzutage zahlreiche Menschen und vor allem Männer ihren Lebenssinn beziehen, gäbe es sicher schlechtere Antworten als »Fußball«. Viele von Ihnen wären vielleicht nicht bereit, das zuzugeben, doch der Sport – und in Großbritannien der Fußball – steht für all die hehren Dinge wie Glaube, nationale Souveränität, persönliche Ehre, ethnische Identität und dergleichen, für die über die Jahrhunderte Menschen bereit waren, ihr Leben hinzugeben. Sport, das sind Stammesloyalitäten und Rivalitäten, symbolische Rituale, sagenhafte Legenden, zu Ikonen gewordene Helden, epische Kämpfe, ästhetische Schönheit, körperliche Erfüllung, intellektuelle Befriedigung, erhabenes Schauspiel und ein tiefes Zugehörigkeitsgefühl. Außerdem vermittelt er eine menschliche Solidarität und physische Unmittelbarkeit, die das Fernsehen nicht bietet. Ohne diese Werte wäre das Leben vieler Menschen zweifellos ziemlich leer. Nicht Religion, sondern Sport ist heute Opium für das Volk. Und in der Welt des christlichen oder islamischen Fundamentalismus ist die Religion mittlerweile wohl weniger Opium für das Volk als Crack für die Masse.

Die selbst ernannten Yogis und falschen Weisen unserer Zeit bieten einen Ersatz für die gescheiterten Götter herkömmlicher Prägung. So hält man den Philosophen heute kaum für mehr als einen Sprachtechniker in weißem Kittel. Zwar ist die Vorstellung, der Philosoph sei ein Führer zum Sinn des Lebens, ein populäres Missverständnis. Dennoch könnte man etwas mehr von ihm erwarten, als dass er Menschen davon abhält, aus dem Fenster zu springen, indem er ihnen klarmacht, dass die Grammatik von »es macht nichts« anders ist als die von »er macht nichts«.[8] Die Theologie war durch die schleichende Säkularisierung wie auch durch die Verbrechen und Dummheiten der Kirchen in Misskredit geraten. Eine positivistische Soziologie, eine behavioristische Psychologie und eine Politikwissenschaft ohne jede Vision vervollständigten den Verrat an der Intelligenzia. In dem Maße, wie die Geisteswissenschaften auf die Bedürfnisse der Ökonomie zugeschnitten wurden, verabschiedeten sie sich von der Erforschung fundamentaler Fragen, und Kartenleser, Pyramidenschieber, Atlantis-Avatare und Seelenentgifter beeilten sich, ihren Platz einzunehmen. Die Frage nach dem Sinn des Lebens war nun eine lukrative Industrie. Bücher mit Titeln wie *Metaphysik für Manager* wurden gierig verschlungen. Aus Enttäuschung über eine vom Geldverdienen besessene Welt wandten viele Menschen sich den Lieferanten spiritueller Wahrheiten zu, die reichlich Geld damit verdienten, solche Wahrheiten zu liefern.

Woran mag es sonst noch liegen, dass die Frage nach dem Sinn des Lebens in der Moderne so nachdrücklich gestellt wird? Zum Teil wahrscheinlich daran, dass es im modernen Leben sowohl zu viel Sinn gibt als auch zu wenig. Die Moderne ist die Epoche, in der wir über alle fundamentalen moralischen und politischen Fragen heftig aneinandergeraten. Zahlreiche rivalisierende Kämpfer treten in der Arena der Sinnfrage an, und keiner von ihnen ist in der Lage, die übrigen durch K.O. zu besiegen. Jede einzelne Lösung erscheint zweifelhaft, weil so viele verführerische Alternativen zur Verfügung stehen. Wir sind hier in einer Art Teufelskreis gefangen. Wenn überkommene Glaubensvorstellungen angesichts einer historischen Krise zerfallen, gewinnt die Frage nach dem Sinn des Lebens an Bedeutung. Doch gerade die Tatsache, dass die Frage nun solche Bedeutung besitzt, provoziert ein breites Spektrum von Antworten. Und wegen dieser verwirrenden Vielfalt verliert jede einzelne Antwort an Glaubwürdigkeit. Man könnte also sagen, je nachdrücklicher die Frage nach dem Sinn des Lebens gestellt wird, desto schwerer fällt die Antwort.

In dieser Situation gibt es immer auch solche, die gerade in der Vielfalt der Ansichten zu diesem Thema den Sinn des Lebens oder zumindest ein ordentliches Stück davon zu entdecken glauben. Die Menschen, die so denken, werden gemeinhin als Liberale bezeichnet oder heute auch als Anhänger postmodernen Denkens. Für sie ist eine endgültige Antwort auf die Frage nach dem Sinn des Lebens weniger wichtig als die Tatsache, dass es so zahlreiche und exotisch vielfältige Antworten gibt. Und in der Tat ist die Freiheit, die das bedeutet, vielleicht der kostbarste Sinn, auf den wir jemals stoßen werden. Was manchen als hoffnungslose Fragmentierung erscheint, halten andere für eine beglückende Befreiung.

Für die meisten leidenschaftlichen Sinnsucher zählt vor allem die Ausbeute. Für Liberale und Postmoderne zählt dagegen der fröhliche Lärm des Gesprächs, der in ihren Augen wahrscheinlich das Maximum an Sinn ausmacht, das wir überhaupt zutage fördern können. Der Sinn des Lebens liegt in der Suche nach dem Sinn des Lebens. Vielen Liberalen sind Fragen wichtiger als Antworten, da sie Antworten für unangemessen einschränkend halten. Fragen haben etwas frei Fließendes, Antworten dagegen nicht. Es kommt darauf an, den Geist für vielfältige Fragen offenzuhalten statt ihn mit einer faden, eindeutigen Antwort zu verschließen. Es stimmt zwar, dass dieser Ansatz nicht sonderlich gut funktioniert, wenn man zum Beispiel fragt: »Wie können wir genug Lebensmittel dorthin schaffen, bevor die Menschen verhungern?« Oder: »Könnte man durch diese Maßnahme rassistische Morde verhindern?« Aber vielleicht haben Liberale ja Fragen höherer Art im Sinn.

Der liberale Pluralismus hat allerdings auch Grenzen, denn manche Antworten auf die Frage nach dem Sinn des Lebens stehen nicht nur im Konflikt miteinander, sondern schließen einander aus. So sind Sie vielleicht der Ansicht, der Sinn des Lebens liege in der Sorge für die Schwachen, während ich behaupten könnte, er liege darin, so viele kranke, hilflose Wesen wie nur möglich zu drangsalieren. Es ist denkbar, dass wir beide Unrecht haben, aber wir können unmöglich beide Recht haben. Selbst der Liberale muss hier auf strengem Ausschluss bestehen und jede Lösung verhindern, die (wie etwa der Aufbau eines totalitären Staates) sein Engagement für Freiheit und Pluralismus untergraben könnte. Freiheit darf nicht ihre eigenen Grundlagen zerstören, auch wenn Radikale gerne behaupten, in kapitalistischen Gesellschaften geschehe genau das jeden Tag.

Der Pluralismus hat auch insofern seine Grenzen, als der Sinn des Lebens für uns alle derselbe sein müsste, falls es denn *den* Sinn des Lebens gibt. Ich kann sagen: »Der Sinn meines Lebens ist es, so viel Whisky zu trinken, dass ich gerade noch kriechen kann.« Aber ich kann nicht sagen: »Der Sinn des Lebens ist es, möglichst viel Whisky zu trinken« – es sei denn, ich meinte damit dasselbe wie im Satz zuvor. Geradeso gut könnte ich sagen: »Für mich ist die Farbe des Schnees ein ins Magenta spielendes Türkis.« Oder auch: »Das Wort ›Kegeln‹ bedeutet für mich ›Seerose‹.« Über Sinn und Bedeutung kann ich nicht allein entscheiden. Wenn das Leben einen Sinn hat, dann hat es ihn für Sie und mich und alle anderen, ganz gleich, worin dieser Sinn nach unserer Ansicht oder unseren Wünschen bestehen mag. Trotzdem könnte man sich durchaus vorstellen, dass es mehr als nur einen einzigen Sinn hat. Weshalb sollte es nur einen Sinn des Lebens geben? Wie wir ihm mehr als einen Sinn zuschreiben können, so könnte es auch mehr als einen ursprünglichen Sinn haben, sofern es denn überhaupt einen ursprünglichen Sinn hat. Vielleicht ist darin ein mehrfacher Sinn am Werk, der in Teilen sogar in sich widersprüchlich ist. Oder vielleicht wechselt der Sinn des Lebens von Zeit zu Zeit, wie wir ja auch unsere Ziele wechseln. Wir sollten nicht unterstellen, dass Gegebenes oder Ursprüngliches stets gleich und singulär bliebe. Und wenn nun das Leben einen Sinn hätte, der ganz und gar nicht unseren Vorstellungen entspräche? Vielleicht hat das Leben einen Sinn, aber die Mehrzahl aller Menschen, die jemals gelebt haben, hat sich darüber getäuscht. Falls Religion falsch wäre, träfe genau dies zu.

Viele Leser dieses Buches dürften jedoch dem Ausdruck »Sinn des Lebens« mit ähnlicher Skepsis begegnen wie dem Weihnachtsmann. Der Begriff wirkt eher kurios, zugleich wichtigtuerisch und anspruchsvoll, wie geschaffen für einen satirischen Großangriff von Monty Python.* Viele gebildete Menschen der westlichen Welt – zumindest außerhalb der erstaunlich religiösen Vereinigten Staaten – glauben heute, das Leben sei ein Zufallsprodukt der Evolution und habe von sich aus etwa so viel Sinn wie ein Windstoß oder ein Magenknurren. Weil das Leben nach dieser Vorstellung aber keinen vorgegebenen Sinn hat, ist der Weg für den einzelnen Menschen frei, ihm jeden Sinn zu geben, den er möchte. Wenn unser Leben einen Sinn hat, dann einen, den wir selbst ihm geben, und nicht einen, der fertig vorgegeben wäre.

Nach dieser Theorie sind wir Urheber und Autoren unserer selbst und nicht darauf angewiesen, dass eine Abstraktion namens Leben unsere Geschichten schreibt. Nach Ansicht von Nietzsche oder Oscar

* Es gibt noch einen anderen, nicht von Monty Python stammenden Film mit dem Titel *Der Sinn des Lebens*, den ich einmal im Mormonentempel in Salt Lake City gesehen habe. Leider habe ich vollkommen vergessen, worin dieser Film den Sinn des Lebens sah – vielleicht auch, weil ich ziemlich erstaunt war, dass der Film nur vier Minuten dauerte.

Wilde könnten wir alle (wenn wir es nur wagten) große Künstler unserer selbst sein, Ton in unseren eigenen Händen, dem wir selbst eine einzigartige Form geben würden. Wenn ich es richtig verstehe, ist die landläufige Ansicht dazu, der Sinn des Lebens sei nicht vorgefertigt, sondern werde konstruiert. Und jeder von uns könne das auf ganz unterschiedliche Weise tun. Ohne Zweifel hat diese Auffassung einiges für sich. Aber da sie auch ziemlich fade und langweilig ist, möchte ich sie hier auf den Prüfstand stellen. Ich will deshalb die Ansicht, der Sinn des Lebens sei eine Privatangelegenheit, in einem Teil dieses Buches genauer untersuchen, um herauszufinden, wie weit sie trägt.

Das Problem von Sinn und Bedeutung

»Was ist der Sinn des Lebens?« ist eine dieser seltenen Fragen, in denen nahezu jedes Wort problematisch ist. Das gilt selbst für das erste Wort, denn für die vielen Millionen Menschen, die religiös sind, ist der Sinn des Lebens kein *Was*, sondern ein *Wer*. Ein überzeugter Nazi hätte das auf seine Weise vielleicht genauso gesehen und den Sinn des Lebens in der Person Adolf Hitlers gefunden. Möglicherweise wird sich der Sinn des Lebens erst am Ende der Geschichte zeigen, in Gestalt eines Messias, der sich mit seinem Erscheinen ziemlich viel Zeit lässt. Oder vielleicht ist das Universum auch nur ein Atom im Daumennagel eines kosmischen Riesen.

Das wirklich umstrittene Wort ist jedoch »Sinn«. Wir neigen heute zu der Ansicht, der Sinn oder die Bedeutung[9] eines Wortes sei dessen Verwendung in einer bestimmten Lebensform. Doch die Ausdrücke *Sinn* und *Bedeutung* haben eine ganze Reihe von Verwendungsweisen, ebenso wie das mit beiden Begriffen verbundene Wort »meinen«. Hier sind einige davon:

Poisson bedeutet »Fisch«, *poison* bedeutet Gift.[10]
Hatte er Böses im Sinn?

Diese Wolken bedeuten Regen.
Als sie von einem verflohten altersschwachen Esel sprach, meinte sie den da drüben auf der Koppel?
Was hat diese skandalöse Affäre zu bedeuten?
Ich meinte dich, nicht sie.
Badeseife mit Lavendelduft bedeutet ihm sehr viel.
Die Ukrainer meinen es ernst.
James ist ein bedeutender Mann.
Lavinia meint es gut, Julius eher nicht.
Als der Verstorbene den Kellner um Gift bat, meinte er damit vielleicht Fisch?
Ihre Begegnung war schicksalhaft, sie hatte einen tieferen Sinn.
Seine Wutausbrüche haben nichts zu bedeuten.
Es hat keinen Sinn, Cordelia zu sagen, sie solle den Korkenzieher rechtzeitig zurückbringen.

Diese Verwendungsweisen von *Sinn*, *Bedeutung* und *meinen* lassen sich in drei Gruppen einteilen. Die erste hat mit Intentionen oder Absichten zu tun, also mit dem, was man »im Sinn hat«. Die zweite Gruppe betrifft die Idee des Bezeichnens, während die dritte die beiden ersten insofern miteinander verbindet, als sie die Absicht anzeigt, etwas zu bezeichnen.

Bei der Frage »Hatte er Böses im Sinn?« geht es eindeutig um Absichten oder das, was jemand im Sinn hatte, und dasselbe gilt für den Satz: »Ich habe dich gemeint, nicht sie«. Wenn es von einer Begegnung heißt, sie habe einen tieferen Sinn, so weil sie auf geheimnisvolle Weise intendiert scheint, vielleicht vom Schicksal.

»Lavinia meint es gut« will sagen, dass sie gute Absichten hat, auch wenn sie diese Absichten wahrscheinlich nicht immer erfolgreich in die Tat umsetzen kann. »Es hat keinen Sinn, Cordelia zu sagen, sie solle den Korkenzieher rechtzeitig zurückbringen« bedeutet, dass unsere Absichten in einem Gespräch mit Cordelia aller Voraussicht nach nicht erfüllt werden. »Die Ukrainer meinen es ernst« ist eine Aussage über deren entschiedene Absichten oder Zielsetzungen. »James ist ein bedeutender Mann« heißt so viel wie »Man hält ihn für wichtig«, will sagen, in der Vorstellung der Leute, die diesen Satz über ihn sagen, ist er wichtig. Das trifft zwar nicht ganz den Gedanken der Intention oder Absicht, doch bei den meisten anderen Beispielen ist dies der Fall.

Die beiden Sätze »Diese Wolken bedeuten Regen« und »Badeseife mit Lavendelduft bedeutet ihm sehr viel« verweisen eindeutig nicht auf Intentionen oder Vorstellungen der betreffenden Dinge. Die Wolken haben keineswegs die »Absicht, Regen zu bedeuten«, sondern bedeuten einfach, dass es regnen wird. Da Badeseife mit Lavendelduft kein eigenes Bewusstsein besitzt, fehlt ihr auch jegliche Intention im Blick darauf, dass sie jemandem »sehr viel bedeutet«. Ebenso zielt die Frage: »Was hat diese schändliche Affäre zu bedeuten?« auf die Bedeutung dieser Angelegenheit, aber wohlgemerkt nicht darauf, was die Beteiligten damit zum Ausdruck bringen wollten, sondern was die Situation selbst bedeutet. »Seine Wutausbrüche haben nichts zu bedeuten« will dagegen sagen, dass die Wutausbrüche selbst keine Bedeutung haben, was allerdings nicht notwendigerweise heißt, dass der betreffende Mensch mit seinen Wutausbrüchen nicht doch etwas zum Ausdruck bringen, also eine Bedeutung vermitteln möchte. Die dritte Gruppe, die vorwiegend mit dem Verb »meinen« zu tun hat, verweist nicht einfach auf Absicht oder Bedeutung, sondern auf die Intention einer Bedeutung. Hierher gehören Fragen wie »Was meinte sie mit dem verflohten altersschwachen Esel?« oder »Meinte er in Wirklichkeit *poisson*?«.

Es ist wichtig, zwischen »bedeuten« und »meinen«, zwischen Sinn und Bedeutung einerseits und intendiertem Bedeuten andererseits zu unterscheiden. Beide Arten von Bedeutung finden sich in einem Satz wie: »Ich hatte eigentlich im Sinn, Fisch zu bestellen, aber das Wort, das ich tatsächlich aussprach, bedeutet Gift.« Die Frage »Was meinst du?« bezieht sich auf eine Intention des Sprechers, während die Frage »Was bedeutet das Wort?« auf den Sinn bzw. die Bedeutung eines Wortes innerhalb eines Sprachsystems verweist. Sprachwissenschaftler versuchen diesen beiden unterschiedlichen Arten von »Bedeutung« gelegentlich mit der Unterscheidung zwischen *Akt* und *Struktur* gerecht zu werden. Bei Letzterer hängt der Sinn eines Wortes von dessen Funktion innerhalb einer Sprachstruktur ab. Der Ausdruck »Fisch« erhält danach seine Bedeutung durch seine Stellung innerhalb eines Sprachsystems, durch seine Beziehungen zu anderen Ausdrücken dieses Systems und so weiter. Wenn also das Leben einen Sinn hat, dann könnte das einer sein, den wir ihm selbst aktiv geben, wie wir einer Folge schwarzer Zeichen auf einem Blatt Papier Sinn und Bedeutung verleihen, oder es könnte einer sein, den das Leben von sich aus und ohne unser Zutun hat, was dann eher der Vorstellung von Sinn als Struktur und Funktion entspräche.

Wenn wir das ein wenig weiter denken, zeigt sich allerdings, dass die beiden Arten von Bedeutung gar nicht so verschieden sind. Man kann sich vorstellen, dass zwischen ihnen so etwas wie ein Henne-und-Ei-Verhältnis besteht. Der Ausdruck »Fisch« bezeichnet ein mit Schuppen versehenes, im Wasser lebendes Wesen, doch er tut das nur, weil zahllose Sprecher der deutschen Sprache das Wort in dieser Weise benutzt haben. Das Wort selbst kann als Ablagerung einer ganzen Serie historischer Akte verstanden werden. Andererseits kann ich mit Schuppen versehene, im Wasser lebende Wesen nur deshalb mit dem Wort »Fisch« belegen, weil genau dies die Bedeutung des Wortes innerhalb der Struktur meiner Sprache ist.

Worte sind nicht bloß leere Hülsen, die darauf warten, dass lebende Sprecher ihnen Sinn und Bedeutung einhauchen. Was ich meinen kann (»meinen« im Sinne von »sagen wollen«), hängt von den Bedeutungen ab, die in meiner Sprache bereitliegen. Ich kann keine völlig sinnlose Wortfolge »meinen«, auch wenn ich dadurch, wie wir gleich sehen werden, durchaus etwas zum Ausdruck bringen oder bezeichnen kann. Auch kann ich nicht etwas sagen wollen, das vollkommen außerhalb der Reichweite meiner Sprache liegt, wie es ja auch unmöglich ist, dass jemand Hirnchirurg werden will, wenn es Vorstellung und Begriff des Hirnchirurgen gar nicht gibt. Wörter bedeuten nicht einfach das, was ich will. Ich mag mir, wenn ich das Wort »Weltgesundheitsorganisation« ausspreche, noch so lebhaft einen geräucherten Hering vorstellen, die Bedeutung des Wortes bleibt trotzdem »Weltgesundheitsorganisation«.

Im Blick auf die Funktion eines Wortes innerhalb eines Sprachsystems können wir sagen, dass jemand, der das System beherrscht, die Bedeutung eines Wortes versteht. Wenn mich jemand fragt, woher ich weiß, was »der Weg ins Verderben« bedeutet, könnte ich einfach darauf hinweisen, dass ich Deutsch spreche. Daraus folgt aber nicht, dass ich auch eine bestimmte Verwendungsweise des Ausdrucks verstehe. Denn er kann in verschiedenen Zusammenhängen benutzt werden, in denen er sich auf ganz verschiedene Dinge bezieht, und wenn ich wissen will, was unter diesen spezifischen Umständen damit gemeint ist, muss ich berücksichtigen, was der oder die Sprecher im betreffenden Kontext damit meinen. Kurzum, ich muss mir ansehen, wie der Ausdruck konkret verwendet wird. Die Wörterbuch-Bedeutung des einzelnen Wortes reicht hier nicht aus.

Worauf ein Wort sich in einer bestimmten Situation bezieht oder was es herausgreift, lässt sich oft gar nicht so leicht erkennen. Eines der Wörter der australischen Ureinwohner für »Alkohol« ist *»ducking«* (Verbeugung). Sie hatten das Wort zum ersten Mal gehört, als ihre englischen Kolonialherren die Gläser zu Ehren des Königs erhoben und sich dabei verneigten.

Man könnte von jemandem sagen: »Ich verstand zwar seine *Worte*, aber ich *verstand* seine Worte nicht.« Ich kenne zwar die Bedeutung der Worte, aber ich verstand nicht, wie er sie benutzte – worauf er sich bezog, welche Einstellung er damit vermitteln wollte, wie ich seine Worte verstehen sollte, warum ihm daran lag, dass ich sie verstand, und so weiter. Um all das zu klären, müsste ich seine Worte in einen spezifischen Kontext stellen, oder – was hier auf dasselbe hinausliefe – ich müsste sie als Teil einer Geschichte begreifen. Und gerade da kommt man mit der Kenntnis der Wörterbuch-Bedeutungen nicht sonderlich weit. Im letztgenannten Fall sprechen wir also über den gemeinten Sinn, über Bedeutung als Akt – über etwas, das Menschen tun, als soziale Praxis, als Vielzahl von zuweilen mehrdeutigen, zuweilen in sich widersprüchlichen Verwendungsweisen eines bestimmten Zeichens in einer bestimmten Lebensweise.

Welches Licht werfen nun diese verschiedenen Bedeutungen von »Sinn«, »Meinen« und »Bedeuten« auf die Frage nach dem Sinn des Lebens? Zunächst einmal wird man sagen müssen, die Frage »Was ist der Sinn des Lebens?« unterscheidet sich offensichtlich von der Frage »Was ist der Sinn von ›Potlatsch‹?«. Im ersten Fall geht es um Sinn und Bedeutung eines Phänomens, im zweiten um die Bedeutung eines Wortes. Wir fragen nicht nach dem Sinn des Wortes »Leben«, sondern nach dem Sinn der Sache selbst. Wenn also jemand klagt: »Mein Leben ist sinnlos«, meint er nicht, sein Leben sei in derselben Weise sinnlos wie der Ausdruck »*&$£%«. Es ist eher auf die Art sinnlos, wie »Wir versichern Sie unseres aufrichtigsten und immerwährenden Respekts und verbleiben mit dem Ausdruck vorzüglichster Hochachtung …« sinnlos ist. Menschen, die ihr Leben sinnlos finden, klagen nicht darüber, dass sie keine Ahnung haben, woraus ihr Körper besteht, oder dass sie nicht wissen, ob sie sich in einem schwarzen Loch oder tief unter der Meeresoberfläche befinden. Menschen, deren Leben es in diesem Sinne an Sinn fehlt, sind nicht einfach bloß niedergeschlagen, sie leiden an einer Psychose. Normalerweise wollen Menschen mit dieser Klage ausdrücken, dass es ihrem Leben an Bedeutung fehle. Und Bedeutungsmangel heißt, es fehlt an Substanz, Ziel und Zweck, Qualität, Wert und Richtung. Solche Menschen wollen nicht sagen, sie könnten das Leben nicht verstehen, sondern sie hätten nichts, wofür es zu leben lohnt. Ihr Dasein ist nicht unverständlich, sondern leer. Doch um zu erkennen, dass ihr Leben leer ist, braucht es ziemlich viel Interpretation und damit Sinn. »Mein Leben ist sinnlos« ist keine logische Aussage, sondern eine existenzielle. Wer sein Leben als sinnlos empfindet, greift eher zu einer tödlichen Dosis Schlaftabletten als nach einem Wörterbuch.

Shakespeares Macbeth braucht nicht Selbstmord zu begehen, denn sein Feind Macduff befördert ihn mit einem Schwerthieb ins Jenseits. Doch der schottische

Thronräuber endet in demselben verzweifelten Gemütszustand:

> Aus, aus, du kleine Kerze! Was ist das Leben?
> Ein Schatten, der vorüber streicht; ein armer Gaukler,
> Der seine Stunde lang sich auf der Bühne
> Zerquält und tobt; dann hört man ihn nicht mehr.
> Ein Märchen ist es, das ein Tor erzählt,
> Voll Wortschwall und bedeutet nichts.
> *Fünfter Aufzug, fünfter Auftritt (dt. von F. Schiller)*

Die Passage ist weitaus verwirrender, als sie aussieht. In Wirklichkeit beklagt Macbeth sich über zwei Aspekte des Lebens, über die Vergänglichkeit und über die Leere, und der Zusammenhang zwischen beidem wird deutlich. Leistungen werden dadurch entwertet, dass sie so schnell verblassen. Doch Vergänglichkeit ist nicht unbedingt tragisch. Man könnte sagen, dass solche Vergänglichkeit nun einmal zum Wesen der Dinge gehört und nicht immer beklagenswert sein muss. Festessen gehen vorüber, aber auch Diktaturen und Zahnschmerzen. Könnte menschliches Leben überhaupt eine bedeutungsvolle Gestalt annehmen, wenn es sich bis in alle Unendlichkeit hinzöge? Ist der Tod, so gesehen, nicht eine Voraussetzung dafür, dass Leben einen Sinn hat? Oder könnte solch ein Leben immer noch in einem anderen Sinne sinnvoll sein als dadurch, dass es »eine bedeutungsvolle Gestalt hat«? Wie dem auch sei, wenn das Leben wirklich so vergänglich ist, weshalb sollte der Gedanke daran uns veranlassen, es noch vergänglicher zu machen (»Aus, aus, du kleine Kerze!«)?

Das menschliche Leben, so lässt die Zeile uns denken, währt nicht lange, genau wie eine Theatervorstellung. Doch das Bild droht den dahinter stehenden Gedanken zu untergraben, schließlich gehört es zum Wesen eines Theaterstücks, dass es nicht allzu lange dauert. Wir wollen ja nicht ewig im Theater sitzen. Warum sollte die Kürze des Lebens nicht ebenso akzeptabel sein? Oder sogar noch mehr, da doch die Kürze des Lebens im Unterschied zu der des Theaterstücks naturgegeben ist? Und außerdem: Wenn der Schauspieler von der Bühne abgeht, wird ja nicht alles wertlos, was er dort gesagt hat. Im Gegenteil, der Abgang ist Teil der Bedeutung, der Schauspieler schlurft schließlich nicht einfach von der Bühne. Auch in diesem Sinne widerspricht das Bild des Theaters der Vorstellung, wonach der Tod unser ganzes Streben durchkreuzt und ihm ein Ende setzt.

Es ist sicher kein Zufall, dass Shakespeare die Figur eines Schmierenkomödianten wählt, um eine negative Sicht des Lebens zu zeigen. Schließlich waren es Schauspieler, die am ehesten sein Ansehen wie auch sein Bankkonto ruinieren konnten. Wie ein armer Gaukler (wobei »arm« sowohl »unfähig« als auch »bemitleidenswert« heißen dürfte) ist das Leben sinnlos, weil es effekthascherisch, unrealistisch und voll aufgeblasener Rhetorik daherkommt, die in Wirklichkeit nur heiße Luft ist. Ein Schauspieler »meint« nicht wirklich, was er sagt, und dasselbe gilt für das Leben. Aber ist dieser

Vergleich nicht irreführend? Haben wir es hier nicht mit Sinn als intendierter Bedeutung zu tun? Und weiter oben hatten wir ja gesagt, in diesem Sinne sei die Frage nach dem Sinn des Lebens gerade nicht zu verstehen.

Und was ist mit dem Ausdruck »Ein Märchen ist es, das ein Tor erzählt«? In einer Hinsicht ist das durchaus tröstlich. Das Leben mag sinnlos sein, aber wenigstens fügt es sich zu einem Märchen, einer Geschichte zusammen, was immerhin eine gewisse Struktur nahelegt. Die Geschichte mag verstümmelt und entstellt sein, doch dahinter steht ein Erzähler, auch wenn er schwachsinnig ist. In einer vor einigen Jahren von der BBC produzierten Fassung des Stücks sprach Macbeth diesen Schlussmonolog nicht leise und mit gebrochener Stimme, sondern schleuderte die Worte in einem lauten, zornigen Ausbruch hinauf zu einer Kamera, die eindeutig den Allmächtigen repräsentieren sollte. Gott war der schwachsinnige Erzähler. Wie in Schopenhauers Weltsicht, mit der wir uns gleich befassen wollen, hatte diese monströse Farce tatsächlich einen Autor, aber das hieß nicht, dass sie einen Sinn ergab. Im Gegenteil, dadurch erhielt die Absurdität nur eine geschmacklos ironische Wendung. Doch hier kommt eine Mehrdeutigkeit ins Spiel: Ist die Geschichte in sich unsinnig, oder ist sie deshalb unsinnig, weil ein Tor sie erzählt? Oder trifft beides zu? Das Bild bringt möglicherweise – vielleicht unbeabsichtigt – zum Ausdruck, das Leben *könnte* sinnvoll sein, und das Wort »Märchen« vermittelt denselben Eindruck. Denn wie könnte etwas buchstäblich nichts bedeuten und dennoch eine Geschichte sein?

Wie eine pompöse Rede scheint das Leben einen Sinn zu haben, ist aber in Wirklichkeit bedeutungsleer. Wie ein schlechter Schauspieler behauptet es einen Sinn nur, ohne etwas dahinter setzen zu können. Eine Fülle bedeutungstragender Zeichen (»voll Wortschwall«) verdeckt das Fehlen jeder Bedeutung (»bedeutet nichts«). Wie großspurige Rhetorik besteht das Leben nur im protzigen Füllen der Leere, die es selbst ist. Eine Täuschung und ein Nichts. So spricht bittere Desillusionierung aus den Worten des falschen Königs, dessen politische Ambitionen sich in Luft aufgelöst haben. Doch auch dieses Bild ist in Teilen eine Täuschung. Schließlich sind Schauspieler ebenso wirklich wie andere Menschen. Sie erschaffen tatsächlich Fiktionen, und die Bühne, auf der sie spielen, ist solide und greifbar. (Die Metapher legt – vielleicht gegen die eigenen Absichten – nahe, die Welt oder die Bühne sei unwirklich und der Schauspieler ebenso. Man könnte aber immer behaupten, zwar sei das menschliche Leben nur Täuschung und Schein, nicht aber seine materielle Umgebung.) Wenn man den Schauspieler nach seinem Abgang »nicht mehr hört«, ist er hinter der Bühne und nicht auf dem Friedhof.

Mindestens zwei Vorstellungen von Sinnlosigkeit sind im obigen Zitat im Spiel. Eine davon ist existenziell: Die menschliche Existenz ist eine leere oder nichtige Farce. Es gibt zwar mancherlei Sinn, aber der ist trügerisch. Die andere Vorstellung könnten wir die semantische nennen, denn sie besagt, das Leben sei in derselben Weise sinnlos wie Kauderwelsch. Das von einem Toren erzählte Märchen, das nichts bedeutet. Das Leben ist unverständlich und unsinnig. Genau genommen kann man allerdings die beiden Vorstellungen von Sinnlosigkeit nicht gleichzeitig auf das Leben anwenden. Denn wenn das Leben tatsächlich seinem Wesen nach unverständlich wäre, könnte man darüber kein moralisches Urteil fällen wie, es sei leer und sinnlos. Das wäre so, als täten wir ein Wort aus einer fremden Sprache, das wir nicht übersetzen können, als Unsinn ab.

Die Frage nach dem Sinn des Lebens ist also nicht dasselbe wie der Versuch, Sinn in etwas Unsinniges zu bringen, aber auch nicht dasselbe wie die Frage: »Was ist die Bedeutung des englischen Wortes ›night‹?« Wir fragen nicht nach der Entsprechung eines Ausdrucks aus einem System innerhalb eines anderen Systems, wie wir es tun, wenn wir nach einer Übersetzung fragen. In seinem Roman *Per Anhalter durch die Galaxis* beschreibt Douglas Adams einen Computer namens Deep Thought, der die letztgültige Antwort auf die Frage nach dem Universum errechnen soll, dafür siebeneinhalb Millionen Jahre braucht und schließlich als Antwort »42« ausgibt. Daraufhin muss ein noch größerer Computer gebaut werden, der herausfinden soll, was denn eigentlich die Frage war. Das erinnert an die amerikanische Dichterin Gertrude Stein, die auf ihrem Sterbebett immer wieder gefragt haben soll: »Was ist die Antwort?«, bevor sie schließlich murmelte: »Aber was ist die Frage?« Eine Frage über eine Frage, an der Schwelle zum Nichts gestellt, scheint mir ein ziemlich gutes Sinnbild für die Moderne zu sein.

Amüsant an der »42« von Deep Thought ist nicht nur die falsche Tiefgründigkeit – mit der wir uns später noch befassen werden. Amüsant ist auch die absurde Vorstellung, »42« könnte die Antwort auf die Frage sein. Genauso gut könnte »Zwei Packungen Knusperchips und ein hartgekochtes Ei« als Antwort auf die Frage gelten: »Wann wird die Sonne ausgebrannt sein?« Wir haben es hier mit dem zu tun, was die Philosophen einen Kategorienfehler nennen, wie zum Beispiel die Frage, wie viele Gefühle nötig sind, um einen Lastwagen zu stoppen. Das ist einer der Gründe, weshalb wir die »42« lustig finden. Ein anderer liegt in der Tatsache, dass wir eine klare Antwort auf eine Frage bekommen, die viele Menschen intensiv beschäftigt, wir aber mit dieser Antwort absolut nichts anfangen können. »42« passt nun einmal zu gar nichts. Es klingt wie eine präzise, eindeutige Lösung für ein Problem, aber in Wirklichkeit könnte man genauso gut »Brokkoli« sagen.

Ein weiterer komischer Aspekt liegt darin, dass die Frage »Was ist der Sinn des Lebens?« beantwortet wird, als wäre es dieselbe Art von Frage wie »Was ist die Bedeutung des Wortes ›night‹?«. Wie zwischen dem deutschen »Nacht« und dem englischen »*night*« eine Äquivalenzbeziehung besteht, so erweckt Adams' komische Phantasie den Eindruck, das Leben lasse sich in ein anderes Bedeutungssystem (in diesem Fall numerischer statt sprachlicher Art) übersetzen, so dass man eine Zahl erhält, die den Sinn des Lebens bezeichnet. Oder es ist, als wäre das Leben ein Rätsel, ein Vexierspiel oder ein Kryptogramm, etwas, das sich wie ein Kreuzworträtsel lösen ließe, so dass am Ende diese knappe Antwort herauskäme. Hinter dem Witz wird der Gedanke sichtbar, das Leben gleiche einem mathematischen Problem, für das es eine Lösung geben muss, wie es sie für mathematische Probleme eben gibt. Die Komik ergibt sich aus der Verbindung zweier unterschiedlicher Bedeutungen des Ausdrucks »Problem«: einerseits im Sinne eines Kreuzworträtsels oder eines mathematischen Rätsels, andererseits im Sinne eines problematischen Phänomens wie der menschlichen Existenz. Es ist, als ließe das Leben sich nach Art eines Heureka-Erlebnisses entschlüsseln, bei dem ein einzelnes Wort – Macht, Bier, Liebe, Sex, Schokolade – einen erregenden Augenblick lang vor unserem geistigen Auge aufscheint.

Könnte das Wort »Sinn« in »der Sinn des Lebens« dasselbe bedeuten wie »der gemeinte Sinn«? Sicher nicht. Es sei denn, Sie glaubten (zum Beispiel), das Leben sei eine göttliche Äußerung, ein Zeichen oder ein Diskurs, in denen er uns etwas Bedeutendes mitteilen wolle. Der große irische Philosoph Bischof Berkeley glaubte genau das. In diesem Fall verweist der Sinn des Lebens auf einen Akt des Meinens – auf irgendeine Bedeutung, die Gott (oder die Lebenskraft oder der Zeitgeist) uns mitzuteilen gedenkt. Aber wenn man nun an keine dieser erhabenen Wesenheiten glaubt, muss das Leben dann sinnlos sein?

Nicht unbedingt. Marxisten etwa sind in der Regel Atheisten, aber sie glauben, das menschliche Leben oder »die Geschichte«, wie sie meist lieber sagen, habe insofern einen Sinn, als sie ein sinnvolles Muster zeige. Die Anhänger der sogenannten Whig-Theorie, die in der menschlichen Geschichte eine stetige Weiterentwicklung von Freiheit und Aufklärung sehen, erkennen im menschlichen Leben gleichfalls ein sinnvolles Muster, wenn auch keines, das ein höchstes Wesen dort hineingeschmuggelt hätte. Es stimmt, dass große Erzählungen aus der Mode gekommen sind. Dennoch zeigen sie, dass es möglich ist, an die Sinnfälligkeit des Lebens zu glauben, ohne deshalb zu unterstellen, dass dieser Sinn auf die Intentionen eines Subjekts zurückgehe. Natürlich hat »Sinn«, verstanden als sinnvolles Muster, nicht in derselben Weise Bedeutung, wie wenn jemand etwas Bestimmtes meint oder wie eine rote Ampel »anhalten!« bedeutet. Aber wir verwenden den Ausdruck »Sinn« zumindest gelegentlich in diesem Sinne. Wenn es im menschlichen Leben keinerlei Muster gäbe, die als sinnvoll gelten können, obwohl kein einzelner Mensch sie intendiert, kämen ganze Bereiche der Geistes- und Sozialwissenschaften wie Soziologie und Anthropologie zum Erliegen. Ein Bevölkerungswissenschaftler sagt vielleicht, die Verteilung einer Bevölkerung in einer bestimmten Region sei »sinnvoll«, obwohl von den dort lebenden Menschen sich möglicherweise niemand dieses Verteilungsmusters bewusst ist.

So kann man also durchaus glauben, dass eine sinnvolle Erzählung in die Realität eingebettet ist, auch wenn sie keinen übermenschlichen Ursprung hat. Die Schriftstellerin George Eliot zum Beispiel war kein religiöser Mensch, doch ein Roman wie *Middlemarch* geht wie viele andere Werke der realistischen Literatur davon aus, dass es in der Geschichte ein sinnvolles Muster gebe. Im klassischen Realismus hat der Autor nicht so sehr die Aufgabe, eine Fabel zu erfinden, als die der Realität innewohnende und in der Geschichte verborgene Logik anschaulich zu machen. Man vergleiche das mit einem modernen Autor wie Joyce, der eher glaubt, ein Muster auf die Welt projizieren zu müssen, statt es aus ihr herauszugraben. Joyce konstruierte seinen Roman *Ulysses* bis in die letzten Verästelungen hinein nach dem Vorbild des titelgebenden griechischen Mythos. Doch die Pointe liegt auch darin, dass sich wahrscheinlich jeder andere Mythos ebenso gut dafür geeignet hätte, einen Anschein von Ordnung in eine vom Zufall bestimmte, chaotische Welt zu bringen.

In dieser recht lockeren Bedeutung von »sinnvoll« als »ein sinnvolles Muster zeigend« können wir einer Sache Sinn zuschreiben, ohne dafür einen Urheber unterstellen zu müssen. Und das ist ein interessanter Punkt, wenn es um die Frage nach dem Sinn des Lebens geht. Der Kosmos ist vielleicht nicht bewusst entworfen worden und will uns höchstwahrscheinlich nichts Bestimmtes sagen, aber er ist auch nicht nur chaotisch. Im Gegenteil, die Gesetze, die ihm innewohnen, zeigen eine Schönheit, eine Symmetrie und eine Ökonomie, die Wissenschaftler zu Tränen rühren können. Die Annahme, die Welt habe entweder von Gott einen Sinn erhalten oder sei gänzlich zufallsbestimmt und absurd, geht von einem falschen Gegensatz aus. Selbst wer glaubt, Gott sei letztlich der Sinn des Lebens, muss deshalb nicht auch unbedingt glauben, dass die Welt ohne dieses göttliche Fundament überhaupt keinen Sinn hätte.

Der religiöse Fundamentalismus entsteht aus der neurotischen Angst, ohne einen letzten Sinn gäbe es gar keinen Sinn. Er ist lediglich die Kehrseite des Nihilismus. Dahinter steckt die Vorstellung, das Leben gleiche einem Kartenhaus. Nimmt man eine der unteren Karten weg, bricht das ganze fragile Gebäude zusammen. Wer so denkt, ist Gefangener einer Metapher. Tatsächlich teilen viele gläubige Menschen diese Annahme nicht. Kein intelligenter gläubiger Mensch meint, alle Ungläubigen müssten im tiefen Sumpf der Sinnlosigkeit versinken. Und er meint ebenso wenig, dass der Sinn des Lebens vollkommen klar wäre, nur weil es einen Gott gibt. Im Gegenteil, nach Ansicht mancher religiöser Menschen macht die Gegenwart Gottes die Welt sogar noch mysteriöser. Wenn er ihr einen Sinn gegeben hat, dann einen ziemlich unverständlichen. Gott ist nicht die Lösung für ein Problem. Durch ihn werden die Dinge eher rätselhafter als klarer.

Immanuel Kant schrieb daher in seiner *Kritik der Urteilskraft*, natürliche Organismen wie auch Kunstwerke besäßen eine »Zweckhaftigkeit ohne Zweck«. Der menschliche Körper dient keinem Zweck, doch man kann sagen, die verschiedenen Körperteile hätten im Blick auf ihre Funktion innerhalb des Ganzen einen »Sinn«. Und das ist ein Sinn, den nicht wir festlegen. Niemand hat den menschlichen Fuß entworfen, und es wäre zweifellos ein Missbrauch der Sprache, wenn man sagte, es sei der »Zweck« des Fußes, uns beim Treten, Gehen und Laufen zu helfen. Doch der Fuß hat eine Funktion innerhalb des Gesamtorganismus. Wenn sich jemand mit der menschlichen Anatomie nicht auskennt, wäre es für ihn durchaus sinnvoll, nach dem Sinn des Fußes zu fragen. Wie wir mit »Sinn« auch die Funktion eines Wortes innerhalb eines Sprachsystems meinen, so können wir ohne allzu große Überstrapazierung der Sprache sagen, der Fuß habe seinen Sinn innerhalb des Körperganzen. Er ist kein zufälliges Anhängsel des Beins.

Um ein anderes Beispiel zu nennen: Wenn man den Wind leise durch die Bäume streichen hört, wäre es nicht allzu exzentrisch, die Frage zu stellen: »Was bedeutet dieses Geräusch?« Der Wind versucht natürlich nichts zum Ausdruck zu bringen, doch das Geräusch klingt, als bedeute es etwas. Um die Neugier des Fragenden zu befriedigen oder um ihn zu beruhigen, erzählen wir eine kleine Geschichte über Luftdruck, Akustik und so weiter. Auch hier haben wir es wieder mit einem Sinn zu tun, über den nicht wir entscheiden. Selbst von einer Reihe zufällig hingeworfener Kieselsteine könnte man sagen, sie hätten Bedeutung – vielleicht ergibt ihre Anordnung ganz zufällig den Satz »Alle Macht den Räten!«, obwohl niemand sie absichtlich in dieser Weise angeordnet hat.[11]

Auch scheinbar zufällig Entstandenes wie das Leben kann durchaus etwas Planvolles haben. »Zufällig« heißt nicht »unverständlich«. Autounfälle sind keineswegs unverständlich. Es sind keine Ereignisse, auf die wir uns keinen Reim machen könnten, sondern die Folgen ganz bestimmter Ursachen. Nur war diese Folge von den Beteiligten nicht beabsichtigt. Es kann auch sein, dass ein Vorgang zu einer bestimmten Zeit zufällig erscheint, während man im Rückblick dann ein sinnvolles Muster darin erkennt. So etwa verstand Hegel die Weltgeschichte. Zu unseren Lebzeiten mag sie ziemlich sinnlos erscheinen, doch in Hegels Augen erschließt sich ihr Sinn, wenn der Zeitgeist sozusagen über die Schulter schaut und einen bewundernden Blick auf das wirft, was er geschaffen hat. Nach Hegels Ansicht tragen selbst die Irrtümer und Sackgassen der Geschichte letztlich zum großen weltgeschichtlichen Plan bei. Die entgegengesetzte Auffassung spricht aus dem alten Bonmot: »Mein Leben ist voller faszinierender Figuren, aber bisher fehlt mir noch die Handlung.« Einzelne Augenblicke scheinen Sinn zu haben, doch sie fügen sich nicht zu einem sinnvollen Ganzen.

Was ließe sich sonst noch über unbeabsichtigten Sinn sagen? Eine Künstlerin könnte das Wort »Schwein« auf die Leinwand malen, und zwar nicht weil sie die Bedeutung »Schwein« vermitteln wollte, also damit auch wirklich das Schwein meinte, sondern weil sie von dem Schriftzug fasziniert ist. Doch dieser bedeutet weiterhin »Schwein«. Das Gegenteil wäre ein Schriftsteller, der lange Passagen von Kauderwelsch in seine Texte einfügte. Falls er damit einen künstlerischen Zweck verfolgt, könnten wir sagen, die Wörter hätten insofern Bedeutung, als sie etwas zum Ausdruck bringen sollen, auch wenn sie streng genommen sinnlos sind. Sie könnten zum Beispiel einen dadaistischen Anschlag auf die kleinbürgerliche Illusion fester Bedeutungen ausdrücken. Der Autor verfolgt hier eine Absicht, auch wenn das, was er »meint«, sich nur mit Worten zum Ausdruck bringen lässt, die innerhalb seines Sprachsystems keinen Sinn haben.

Bei einem Stück von Shakespeare sprechen wir von einem komplexen Bedeutungsgewebe, ohne deshalb zu unterstellen, der Autor hätte diese Bedeutungen bei jedem Wort, das er schrieb, im Kopf gehabt. Wie sollte ein Künstler von so unglaublicher Phantasie und Produktivität alle denkbaren Konnotationen seiner Bedeutungen jederzeit präsent haben? Wenn man sagt: »Das ist eine mögliche Bedeutung des Werkes«, so meint man damit manchmal eine plausible Interpretation. Was der Autor wirklich »im Sinn hatte«, lässt sich möglicherweise gar nicht ermitteln, vielleicht nicht einmal von ihm selbst. Viele Autoren erleben, dass man in ihrem Werk Bedeutungsmuster erkennt, die sie nicht absichtlich hineingelegt haben. Und was ist mit den unbewussten Bedeutungen, die definitionsgemäß nicht bewusst beabsichtigt sind? »Ich denke tatsächlich mit der Feder«, sagte Wittgenstein einmal, »denn mein Kopf weiß oft nichts von dem, was meine Hand schreibt.«[12]

*

Wie man glauben kann, dass etwas – und sogar »das Leben« – einen planvollen Aufbau oder eine Richtung besitzt, obwohl niemand dies beabsichtigt hat, so kann man auch glauben, das menschliche Dasein sei sinnlos und chaotisch, aber genau das sei beabsichtigt, etwa von einem bösartigen Schicksal oder Willen. Das ist in groben Zügen die Ansicht Arthur Schopenhauers. Als Philosoph war Schopenhauer so gnadenlos düster, dass sein Werk ganz gegen seine Absichten als eines der großen komischen Meisterwerke des westlichen Denkens gelten darf. Nach Schopenhauers Ansicht ist die gesamte Wirklichkeit (und nicht nur das menschliche Leben) die vergängliche Hervorbringung des »Willens«, wie er es nennt. Der Wille, eine gefräßige und unerbittliche Kraft, besitzt eine Art Intentionalität. Doch auch wenn er letztlich alles hervorbringt, tut er das aus keinem besonders respektablen Grund, sondern nur, um gut im Geschäft zu bleiben. Der Wille reproduziert die Wirklichkeit ausschließlich, um sich selbst zu reproduzieren, und zwar zu keinem besonderen Zweck. Das Leben hat demnach tatsächlich ein Wesen oder eine innere Dynamik, nur ist diese Wahrheit eher erschreckend als erhebend. Vernichtung, Chaos und unendliches Leid entstehen daraus. Nicht alle großen Erzählungen rufen leuchtende Augen hervor.

Da der Wille ausschließlich sich selbst bestimmt, liegt auch sein Zweck allein in ihm selbst, als sei er eine bösartige Karikatur des Allmächtigen. Und das bedeutet, dass er uns und die übrige Schöpfung für seine unergründlichen Zwecke benutzt. Wir mögen glauben, unser Leben habe Sinn und Wert, doch in Wirklichkeit sind wir nur hilflose Werkzeuge der blinden und sinnlosen Selbstreproduktion des Willens. Um das zu erreichen, muss der Wille uns allerdings vorgaukeln, unser Leben hätte tatsächlich einen Sinn. Dazu baut er einen grobschlächtigen Mechanismus der Selbsttäuschung auf, der unter der Bezeichnung »Bewusstsein« bekannt ist und die Illusion erschafft, wir hätten Sinn und Wert. Er verleitet uns außerdem zu der falschen Annahme, seine Bestrebungen seien in Wirklichkeit unsere. In diesem Sinne ist Bewusstsein für Schopenhauer immer falsches Bewusstsein. Wenn jemand einmal sagte, die Sprache sei dazu da, unsere Gedanken vor anderen zu verbergen, so ist das Bewusstsein dazu da, die Sinnlosigkeit unseres Daseins vor uns zu verbergen. Denn sonst würden wir uns angesichts des Gemetzels und der Vergeblichkeit, die die menschliche Geschichte bestimmen, selbst auslöschen. Doch auch der Selbstmord wäre bloß ein hinterlistiger Triumph des Willens, dessen Unsterblichkeit im Gegensatz zur Sterblichkeit seiner menschlichen Marionetten nur umso dramatischer hervorträte.

Schopenhauer gehört damit zu einer Reihe von

Denkern, für die falsches Bewusstsein integraler Bestandteil unseres Daseins ist und keineswegs nur ein Nebel, der durch das Licht der Vernunft beseitigt werden müsste. Auch Nietzsche, dessen frühe Schriften von Schopenhauer beeinflusst waren, gehört zu diesen Denkern. »Die Wahrheit ist hässlich«, schrieb er in *Der Wille zur Macht*. »Wir haben die Kunst, damit wir nicht an der Wahrheit zugrunde gehn.«[13] Sigmund Freuds Denken war gleichfalls stark von dem des pessimistischen Philosophen geprägt. Was Schopenhauer den Willen genannt hatte, taufte Freud um in Begehren. Nach Freud sind Phantasie, falsche Wahrnehmung und Verdrängung der Realität keine zufälligen Erscheinungen, sondern konstitutiv für das Ich. Ohne dieses rettende Vergessen wären wir verloren. Was, wenn nun das Leben tatsächlich einen Sinn hätte, es aber besser für uns wäre, ihn nicht zu kennen? Wir gehen gern davon aus, die Entdeckung des Lebenssinns sei eine lohnende Sache. Was, wenn das ein Irrtum wäre? Wenn die Wirklichkeit etwas Ungeheuerliches wäre, dessen Anblick uns zu Stein erstarren ließe?

Schließlich können wir immer fragen, warum überhaupt jemandem daran gelegen sein sollte, den Sinn des Lebens zu kennen. Ist es denn ausgemacht, dass man dadurch ein besseres Leben hat? Immerhin führen einige Menschen auch ein ganz fabelhaftes Leben, obwohl sie dieses Geheimnis offensichtlich nicht kennen. Vielleicht kennen sie dieses Geheimnis auch, ohne sich dessen bewusst zu sein. Vielleicht ist der Sinn des Lebens etwas so Einfaches wie das Atmen, das ich gerade jetzt tue, ohne mir dessen auch nur im Geringsten bewusst zu sein. Und wenn der Sinn des Lebens nicht deshalb so schwer zu fassen wäre, weil er verborgen ist, sondern weil er mir so nahe vor Augen steht, dass ich ihn nicht klar erkennen kann? Vielleicht ist der Sinn des Lebens kein Ziel, das man verfolgen könnte, und keine Wahrheit, die freigelegt werden müsste, sondern etwas, das im Leben selbst oder auch in einer bestimmten Lebensweise zum Ausdruck kommt. Schließlich liegt auch der Sinn einer erzählten Geschichte nicht einfach in ihrem Ende, sondern im Prozess des Erzählens.

Wittgenstein bringt das sehr gut zum Ausdruck: »Wenn Einer die Lösung des Problems des Lebens gefunden zu haben glaubt, und sich sagen wollte, jetzt ist alles ganz leicht, so brauchte er sich zu seiner Widerlegung nur erinnern, dass es eine Zeit gegeben hat, wo diese ›Lösung‹ nicht gefunden war; aber auch zu *der* Zeit muss man leben können, und im Hinblick auf sie erscheint die gefundene Lösung wie ein Zufall.«[14] Hinter diesem Gefühl steht Wittgensteins Überzeugung, wonach der Sinn des Lebens, falls es ihn denn gibt, weder ein Geheimnis noch eine »Lösung« ist – dem werden wir später noch genauer nachgehen. Zunächst wollen wir noch einmal fragen: Was, wenn der Sinn des Lebens etwas wäre, das wir *um keinen Preis* entdecken sollten?

Auf solch eine Idee wären die Denker der Aufklärung kaum gekommen. In ihren Augen musste der Irrtum tapfer durch die Wahrheit bekämpft werden.

Doch an der Wende zum neunzehnten Jahrhundert rückte die Vorstellung von einer befreienden Lüge oder einer heilsamen Fiktion nach und nach ins Blickfeld. Vielleicht gehen die Menschen ja an der Wahrheit zugrunde, weil sie ihr gnadenlos gleißendes Licht nicht ertragen können. Vielleicht sind Fiktionen und Mythen nicht einfach Irrtümer, mit denen man aufräumen muss, sondern produktive Illusionen, die wir zum Leben brauchen. Möglicherweise ist das Leben nur ein biologischer Unfall. Aber daraus entwickelte sich eine Zufallserscheinung, die wir Verstand nennen und die wir benutzen können, um uns vor der erschreckenden Erkenntnis unserer eigenen Zufälligkeit zu schützen.

Es ist, als hätte eine homöopathische Natur uns mit dem Gift auch das Heilmittel geschenkt, und beide trügen den Namen »Bewusstsein«. Wir können düstere Spekulationen darüber anstellen, warum die Natur in ihrem rücksichtslosen Streben nach der Erhaltung der Art dem einzelnen Leben gegenüber gleichgültig ist. Oder wir können unseren Verstand dafür verwenden, lebensspendende Mythologien wie Religion, Humanismus und dergleichen zu ersinnen, die uns einen gewissen Status und eine gewisse Bedeutung innerhalb dieses unwirtlichen Universums zuweisen. Solche Mythologien mögen aus wissenschaftlicher Sicht nicht wahr sein. Aber vielleicht überbewerten wir die wissenschaftliche Wahrheit, wenn wir sie für die einzige Wahrheit halten, die es gibt. Wie von den Geisteswissenschaften generell, so könnten wir auch von diesen

Mythen sagen, sie enthielten eine Wahrheit eigener Art, die eher in ihren Wirkungen als ihren Aussagen liegt. Falls sie uns möglich machen, mit einem Gefühl von Wert und Ziel zu handeln, sind sie für unsere Ansprüche vielleicht wahr genug.

Wenn wir uns mit Louis Althusser befassen, dem marxistischen Theoretiker des zwanzigsten Jahrhunderts, stellen wir fest, dass diese Denkweise sogar in den Marxismus Eingang gefunden hat, obgleich der sich doch so entschieden gegen das falsche Bewusstsein der Ideologie wandte. Sollte Ideologie am Ende lebenswichtig sein? Brauchen wir sie vielleicht, um uns selbst davon zu überzeugen, dass wir zu autonomem politischen Handeln fähig sind? Die marxistische Theorie mag davon ausgehen, dass der Einzelne kein hohes Maß an Einheit, Autonomie oder auch nur an Wirklichkeit besitzt, doch das Individuum muss glauben, all das zu besitzen, wenn es wirkungsvoll handeln will. Althusser sieht die Aufgabe der sozialistischen Ideologie darin, diese heilsame Illusion aufrechtzuerhalten. Bei Freud gilt Ähnliches für das Ich, das eigentlich nicht mehr ist als ein Abkömmling des Unbewussten, aber so organisiert ist, dass es die Welt als um sich selbst zentriert erlebt. Das Ich behandelt sich selbst als eine kohärente, unabhängige Entität, aber die Psychoanalyse weiß, dass dies eine Illusion ist – wenn auch eine heilsame Illusion, ohne die wir gar nicht handeln könnten.

Es sieht ganz so aus, als könnten wir gar nicht vom Sinn des Lebens sprechen, sondern müssten zwischen Sinn und Leben wählen. Und wenn nun die Wahrheit für die menschliche Existenz zerstörerisch wäre? Wenn sie eine vernichtende dionysische Kraft wäre, wie der frühe Nietzsche glaubte? Oder ein raubgieriger Wille wie in Schopenhauers düsteren Spekulationen? Oder ein rücksichtsloses, alles verschlingendes Begehren wie bei Freud? Für den psychoanalytischen Denker Jacques Lacan kann das menschliche Subjekt entweder »bedeuten« oder »sein«, aber nicht beides zugleich. Sobald wir in die Sprache eintreten, und damit in unser Menschsein, teilt sich die »Wahrheit des Subjekts«, dessen Ansich-Sein, in eine unendliche Kette von Teilbedeutungen. Wir erlangen Sinn nur um den Preis eines Verlusts von Sein.

Mit dem Romancier Joseph Conrad, der sowohl von Nietzsche als auch von Schopenhauer beeinflusst war, ging dieses Denken in die englische Literatur ein. Als philosophischer Skeptiker reinsten Wassers glaubte Conrad nicht, dass unsere Begriffe, Werte und Ideale eine Grundlage in einer Welt hätten, die so sinnlos ist wie die Wellen des Meeres. Dennoch gibt es wichtige moralische und politische Gründe, weshalb wir so tun sollten, als hätten sie eine feste Basis. Anderenfalls könnte gesellschaftliche Anarchie eine der unerwünschten Folgen sein. In gewissem Sinne ist sogar der Inhalt unseres Glaubens weniger wichtig als die bloße Tatsache, dass wir glauben. Diese Richtung des Formalismus ging dann in den Existenzialismus über, für den nicht der genaue Inhalt, sondern die Tatsache unseres Engagements den Schlüssel für eine authentische Existenz darstellt.

Beispiele dafür sind die Protagonisten in Arthur Millers Theaterstücken. Figuren wie Willy Loman in *Tod eines Handlungsreisenden* oder Eddie Carbone in *Ein Blick von der Brücke* beharren auf einer bestimmten Sicht ihrer eigenen Identität und der Welt um sie herum, obwohl die objektiv falsch ist. So glaubt Willy, es komme im Leben auf gesellschaftliches Ansehen und wirtschaftlichen Erfolg an. Entscheidend an diesen verblendeten Gestalten wie auch an einigen tragischen Figuren in Ibsens Stücken ist die Intensität, mit der sie an dieser Überzeugung festhalten. Letzten Endes zählt die heroische Zähigkeit, mit der sie ihrem verzerrten Selbstbild treu bleiben, obwohl es in Wahn und Tod führt. Wer mit einem Glauben – vielleicht irgendeinem Glauben – lebt, der bringt Sinn in sein Leben. Nach dieser Ansicht ist der Sinn des Lebens eine Frage des Lebensstils, nicht des tatsächlichen Lebensinhalts.

Für Schopenhauer ist völlig klar, dass nur ein Idiot glauben kann, das Leben sei lebenswert. In seinen Augen ist das treffendste Sinnbild des menschlichen Unternehmens der schaufelpfotige Maulwurf:

> Mit seinen übermäßigen Schaufelpfoten angestrengt zu graben – ist die Beschäftigung seines ganzen Lebens: bleibende Nacht umgibt ihn … Was aber erlangt er durch diesen mühevollen und freudenleeren Lebenslauf? Futter und Begattung: also nur die Mittel, dieselbe traurige Bahn fortzusetzen und wieder anzufangen im neuen Individuo.[15]

Das ganze menschliche Projekt sei ohne Zweifel ein schrecklicher Irrtum und hätte schon lange abgebrochen werden müssen. Nur wer in hartnäckiger Selbsttäuschung gefangen sei, könne angesichts des Schlachthauses der Geschichte anderer Auffassung sein. Die menschliche Geschichte sei eine Anhäufung erbärmlichsten Elends. Wer es für lohnend halte, geboren zu werden, sei auf die hinterlistige Täuschung des Willens hereingefallen.

In Schopenhauers Augen hat diese selbstgefällige und aufgeblasene Gattung Mensch etwas Lächerliches. Jeder sei von seinem Wert überzeugt und verfolge ein hochgestecktes Ziel, das sich jedoch unverzüglich in Asche verwandele. Kein grandioser Zweck stehe hinter diesem sinnlosen Wortschwall, nur »augenblickliches Behagen, flüchtiger, durch Mangel bedingter Genuss, vieles und langes Leiden, beständiger Kampf, bellum omnium …, jedes ein Jäger und jedes gejagt, Gedränge, Mangel, Not und Angst, Geschrei und Geheul …: und das geht so fort, in saecula saeculorum … oder bis einmal wieder die Rinde des Planeten bricht«.[16] Und weiter schreibt er: »Wozu aber die ganze Tragikomödie da sei, ist nicht entfernt abzusehn; da sie keine Zuschauer hat und die Akteure selbst unendliche Plage ausstehn bei wenigem und bloß negativem Genuss.«[17] Die Welt ist einfach nur ein vergebliches Streben, ein grotesk schlechtes Theaterstück, ein gewaltiger Marktplatz oder ein darwinsches Amphitheater, in dem die Lebensformen sich gegenseitig zu ersticken suchen.

Natürlich gibt es immer die Gesellschaft der anderen, doch hier meint Schopenhauer, die schiere Langeweile treibe uns, sie zu suchen. Was den Willen angeht, gebe es keinen erkennbaren Unterschied zwischen Menschen und Polypen, beide seien gleichermaßen Werkzeuge seiner leeren, gleichgültigen Dynamik. Im Kern des Menschen sei eine Kraft am Werk, die sein innerstes Wesen ausmache, der Wille, der jedoch so fühllos und anonym sei wie die Kraft, welche die Wellen aufwühlt. Am allerwenigsten könnten wir Subjektivität unser Eigen nennen. Wir trügen in uns ein totes Gewicht aus Sinnlosigkeit, als gingen wir ständig mit einem Monstrum schwanger. Und dies, das Wirken des Willens in uns, bilde den Kern unseres Ich. Alles ist von Hunger erfüllt. Der Mensch ist nur die wandelnde Inkarnation des Begattungstriebes seiner Eltern, und dieses ganze fruchtlose Begehren gründet im Mangel. »Die Basis alles Wollens aber«, so schreibt Schopenhauer, »ist Bedürftigkeit, Mangel, also Schmerz«.[18] Begehren ist ewig, Erfüllung dagegen nur kurz und sporadisch. Solange das Ich währt, kann die tödliche Infektion des Begehrens kein Ende finden. Nur die Selbstlosigkeit ästhetischer Betrachtung und eine Art buddhistischer Selbstverneinung können uns von der verzerrenden Wahrnehmung des Wollens reinigen, so dass wir die Welt so sehen, wie sie ist.

Natürlich kann man die Geschichte auch anders erzählen. Doch wenn es immer noch lohnt, Schopenhauer zu lesen, so nicht nur weil er sich offener und brutaler als die allermeisten Philosophen mit der Möglichkeit auseinandersetzt, dass die menschliche Existenz auf die elendste und farcenhafteste Weise sinnlos ist, sondern auch, weil vieles von dem, was er sagt, ganz sicher zutrifft. Im Großen und Ganzen handelt die Geschichte der Menschheit in der Tat eher von Mangel, Elend und Ausbeutung als von Zivilisation und Aufklärung. Wer behauptet, es müsse einen Sinn des Lebens geben und dazu noch einen erhebenden, der muss sich Schopenhauers freudloser Herausforderung stellen. Sein Werk zwingt dazu, den Nachweis für eine Vision zu erbringen, die mehr sein kann als nur ein schmerzstillender Trost.

Sinnfinsternis

Betrachten wir diesen kurzen Dialog aus Anton Tschechows *Drei Schwestern:*

> MASCHA Und der Sinn?
> TUSENBACH Der Sinn? Jetzt schneit es. Und was ist der Sinn?

Der Schnee ist weder eine Aussage noch ein Symbol. Und soweit wir dies feststellen können, ist er auch keine Allegorie auf die Tatsache, dass der Himmel weint. Er will gar nichts sagen, auch nicht in der Weise, wie Philip Larkin sich vorstellt, dass der Frühling es täte:

> Die Bäume setzen wieder Knospen an
> wie etwas fast Gesagtes …
> »Die Bäume«

Wenn man sagt: »Jetzt schneit es«, verbinden sich damit allerdings gleich mehrere Bedeutungen. Der Schnee hat insofern »Bedeutung«, als er Teil einer verständlichen, durch unsere Sprache geordneten und erschlossenen Welt ist. Er ist nicht bloß ein bizarres Rätsel. Wer noch niemals Schnee gesehen hat, könnte durchaus fragen: »Was bedeutet das?« Und auch wenn der Schnee nichts symbolisiert, lässt er sich dennoch als Zeichen verstehen. Zum Beispiel als Zeichen dafür, dass der Winter kommt. Als solches gehört er zu einem meteorologischen System, hinter dem Gesetze stehen, die wir verstehen können. Bedeutungen dieser Art wohnen gleichsam den Dingen inne und werden ihnen nicht nur »zugeschrieben«. Schnee bedeutet, dass der Winter kommt, ganz gleich, was er nach unserer Ansicht bedeutet. Die Tatsache, dass es schneit, kann auch als Zeichen *benutzt* werden. Tusenbach tut genau das, wenn er auf den Schnee als Zeichen für Sinnlosigkeit hinweist. Jemand könnte auch ausrufen: »Schau mal, es schneit. Der Winter kommt. Wir sollten uns auf den Weg nach Moskau machen.« In diesem Fall dient der Schnee als Zeichen im Rahmen eines menschlichen Projektes, als Grundlage einer zwischen Menschen ausgetauschten Botschaft. In all diesen Bedeutungen ist Schneien nicht einfach Schneien.

Vielleicht möchte Tusenbach zum Ausdruck bringen, dass die Welt absurd ist. Doch auch »Absurdität« hat eine Bedeutung. Wer ausruft: »Aber das ist doch absurd!«, verweist damit auf die Möglichkeit eines kohärenten Sinns. Absurdität hat nur Sinn vor dem Hintergrund von Sinnfälligkeit, wie auch Zweifel nur Sinn vor dem Hintergrund von Gewissheit hat. Wenn jemand sagt, das Leben sei sinnlos, können wir ihn immer fragen, *was* daran denn sinnlos sei, und seine Antwort muss sich auf Sinn und Bedeutung beziehen. Wer nach dem Sinn des Lebens fragt, der fragt gewöhnlich, worauf die vielen und vielfältigen Lebenssituationen letztlich hinauslaufen. Und da man Situationen nicht ohne Rückgriff auf Sinn und Bedeutung identifizieren kann, ist es auch nicht möglich zu klagen, dass es gar keinen Sinn gebe. Wie es eine hohle Geste wäre, wenn man alles in Zweifel zöge, lässt sich auch kaum nachvollziehen, dass alles im Leben absurd sein soll. Es mag zwecklos in dem Sinne sein, dass ein vorgegebenes Ziel fehlt. Aber es kann nicht absurd im Sinne von unsinnig sein, sofern es keine Logik gibt, mit der sich diese Tatsache ermessen ließe.

Vielleicht aber erscheint das Leben absurd im Verhältnis zu einem Sinn, den es einmal hatte oder gehabt haben soll. Vertreter der Moderne wie Tschechow befassen sich auch deshalb so oft mit der Frage der Sinnlosigkeit, weil die Moderne alt genug ist, um sich an eine Zeit zu erinnern, als es noch Sinn in Hülle und Fülle gab oder zumindest gegeben haben soll. Es hatte ihn so kurz vorher noch gegeben, dass Tschechow, Conrad, Kafka, Beckett und ihre Kollegen über sein Schwinden bestürzt und entgeistert waren. Das typische Kunstwerk der Moderne steht noch unter dem Eindruck eines ehedem geordneten Universums und ist daher nostalgisch genug, um das Verlöschen des Sinns als schmerzlich, als Skandal und als unerträglichen Verlust zu empfinden. Deshalb kreisen diese Werke oft um ein leeres Zentrum, eine kryptische Lücke oder ein Schweigen, die den Ort markieren, an dem der Sinn sich verflüchtigt hat. Man denke an Tschechows

Moskau, Conrads afrikanisches Herz der Finsternis, Virginia Woolfs ausdruckslos rätselhaften Leuchtturm, E. M. Forsters leere Höhlen von Marabar, T. S. Eliots ruhenden Punkt der kreisenden Welt, die Nichtbegegnung im Zentrum des *Ulysses* von Joyce, Becketts Godot oder das namenlose Verbrechen des Josef K. bei Kafka. Das anhaltende Bedürfnis nach Sinn, der sich auf quälende Weise entzieht, schafft die genuin tragische Spannung des Modernismus.

Die Postmoderne dagegen ist nicht alt genug, um sich an die Zeit zu erinnern, als es noch Wahrheit, Sinn und Wirklichkeit gab, und behandelt solche närrischen Selbsttäuschungen mit der schroffen Ungeduld der Jugend. Es hat keinen Zweck, nach einer Tiefe zu streben, die es niemals gegeben hat. Dass es sie nicht mehr gibt, bedeutet nicht, dass das Leben oberflächlich wäre, denn eine Oberfläche gibt es nur, wenn es im Unterschied dazu auch Tiefe gibt. Der letzte Sinn ist kein festes Fundament, sondern eine erdrückende Illusion. Ohne solche Garantien zu leben heißt frei sein. Man könnte behaupten, es habe tatsächlich einmal große Erzählungen (wie den Marxismus) gegeben, die einer Wirklichkeit entsprachen, aber die seien wir heute glücklicherweise los. Man könnte auch behaupten, diese großen Erzählungen seien immer schon Schimären gewesen, so dass es hier gar nichts zu verlieren gab. Entweder die Welt hat nicht mehr die Gestalt einer Geschichte, oder sie hatte sie nie.

So unreif das postmoderne Denken in dieser Frage vielfach auch sein mag, in einem Punkt hat es doch mit

Sicherheit etwas zu sagen. Der Ekel eines Jean-Paul Sartre oder der tragische Trotz eines Albert Camus sind in der Auseinandersetzung mit einer anscheinend sinnlosen Welt tatsächlich Teil des Problems, auf das sie eine Antwort geben wollen. Wer auf diesem Gebiet überzogene Erwartungen hegt, wird natürlich eher das Gefühl haben, die Welt sei quälend sinnlos – im Unterschied zu einfach bloß sinnlos. Camus und Sartre sind sozusagen alt genug, um sich an eine Zeit zu erinnern, als die Welt noch sinnvoll erschien. Aber wenn sie glauben, das sei damals schon eine Illusion gewesen, was ist dann überhaupt verloren gegangen? Vielleicht hat das Leben keinen eingebauten Zweck, aber das heißt nicht, dass es vergeblich wäre. Der Nihilist ist nur ein enttäuschter Metaphysiker und Angst nur die Kehrseite des Glaubens. Dasselbe gilt für römisch-katholische Renegaten, die eher ausgewiesene Atheisten werden als Mitglieder der anglikanischen Kirche. Nur wenn man der irrigen Vorstellung erliegt, die Welt müsse irgendwie in sich sinnvoll sein – ein Gedanke, den das postmoderne Denken für unsinnig hält –, kann man am Boden zerstört sein, wenn man feststellt, dass dem nicht so ist.

Samuel Becketts Werk ist, könnte man sagen, irgendwo zwischen Moderne und Postmoderne gestrandet. In seiner Vorstellung von der extremen Unfassbarkeit des Sinns ist er im klassischen Sinne modern (sein Lieblingswort war, wie er einmal bemerkte, »vielleicht«). Sein Schreiben ist durchgängig geprägt vom Gefühl seines provisorischen Charakters und dem ironischen Bewusstsein, dass es genauso gut auch niemals existiert haben könnte. Deshalb scheint es nur so eben gerade zu existieren – stets gefährdet und am Rande der Artikulation, bevor es lustlos in einer wortlosen Dunkelheit verschwindet. Es ist so dünn, dass man es gerade eben noch wahrnehmen kann. Der Sinn flackert und verblasst, löscht sich fast im selben Augenblick aus, in dem er entsteht. Eine nichtssagende Geschichte rappelt sich mühsam vom Boden auf, um dann zugunsten einer anderen, ebenso nichtssagenden Geschichte aufgegeben zu werden. Es ist nicht einmal genug Sinn da, um dem, was mit uns nicht stimmt, einen Namen zu geben.

Alles in der Welt nach Auschwitz ist mehrdeutig und unbestimmt. Jeder Satz der Versuch einer Hypothese. Es lässt sich kaum feststellen, ob überhaupt etwas geschieht, denn was könnte in dieser Welt als Ereignis gelten? Ist das Warten auf Godot ein Geschehen oder ein Aussetzen? Das Warten ist eine Art Nichts, ein ewiger Aufschub von Sinn, eine Vorwegnahme der Zukunft, die zur Lebensform in der Gegenwart wird. Das legt den Gedanken nahe, Leben sei ein Hinaus- und Vor-sich-her-Schieben des endgültigen Sinnes. Und obwohl das Hinausschieben das Leben so schwer erträglich macht, könnte es gerade das sein, was das Leben in Bewegung hält. Wie sollte man denn auch einen strahlenden Sinn erkennen in einer Welt, in der die Sinnsuche so schwierig und fragmentarisch bleibt? Vielleicht ist es Vladimir und Estragon in *Warten auf Godot* misslungen, ihn zu erkennen. Vielleicht ist Pozzo in Wirklichkeit Godot und sie wissen es nicht (weil sie möglicherweise den Namen falsch verstanden haben). Oder vielleicht ist dieses lähmende, farcenhafte Einfrieren der Zeit ja Godots Kommen, wie für Walter Benjamin gerade die Leere der Geschichte eine Art negatives Vorzeichen für die bevorstehende Ankunft des Messias ist. Vielleicht wird Godots Ankunft eine heilsame Enttäuschung sein, die zeigt, dass das alles gar nicht nötig war – dass es da gar keine große Sache gab, die nach Erlösung schrie, sondern dass dieser Glaube selbst Teil unseres falschen Bewusstseins ist. Es könnte sich also um etwas Ähnliches wie Walter Benjamins Vision eines Messias handeln, der tatsächlich die Welt verändern wird, aber nur durch geringfügige Anpassungen.

Angesichts einer unbestimmten Welt ist Verzweiflung gar nicht möglich. Eine mehrdeutige Realität müsste eigentlich Raum für Hoffnung lassen. Vielleicht ist das einer der Gründe, weshalb die beiden Landstreicher – wer sagt eigentlich, dass sie Landstreicher sind? – sich nicht umbringen. Den Tod gibt es bei Beckett nicht, nur einen endlosen Verfall: von Gliedern, die steif werden; von Haut, die sich pellt; von Augen, die trübe werden; von einem Gehör, das an Schärfe verliert – einen Verfall, der sich in alle Ewigkeit fortzusetzen scheint. Godots Abwesenheit stürzt offenbar das Leben in radikale Unbestimmtheit, doch genau deshalb gibt es auch keine Gewissheit, dass er nicht kommt. Wenn alles unbestimmt ist, muss das auch für unser Wissen davon gelten, und in diesem Fall können wir nicht ausschließen, dass hinter alledem ein geheimer Zusammenhang steckt. In einer Welt ohne jedes Absolute kann nicht einmal Ödnis absolut sein. In solch einer Welt kann es offenbar keine Erlösung geben, obwohl die Idee der Erlösung dort durchaus sinnvoll erscheint. Absolut notwendig ist sie allerdings auch hier nicht. Wie dem auch sei, wer könnte behaupten, dass diese Landschaft aus Verrückten, Krüppeln und haarlosen Fleischkugeln aus einem anderen Blickwinkel betrachtet nicht auf der Schwelle zur Veränderung stünde?

Das erscheint, gelinde gesagt, höchst unwahrscheinlich. Doch die Tatsache, dass bei Beckett nichts festgelegt ist, dass jedes zerbrochene Zeichen uns auf das nächste verweist, lässt sich nicht nur als Allegorie auf das Begehren, sondern auch als Allegorie auf den Sinn interpretieren. Sinn ist gleichfalls ein auf ewig unabgeschlossener Prozess, bei dem man von einem Zeichen zum nächsten gelangt, ohne befürchten zu müssen oder hoffen zu dürfen, dass der Vorgang jemals abgeschlossen ist. Zumindest über eines dürfen wir uns bei jedem Stück Sinn sicher sein: dass dort, wo es herkommt, noch mehr davon ist. Es kann aus logischen Gründen keinen letzten Sinn geben, mit dem die Interpretation an ein Ende gelangte, denn auch der müsste interpretiert werden. Und da Zeichen nur im Verhältnis zu anderen Zeichen Bedeutung haben, kann es ebenso wenig ein großes letztes Zeichen geben wie eine große letzte Zahl oder Person.

In Becketts Welt bedeutet die Tatsache, dass dort, wo Sinn herkommt, stets noch mehr davon ist, in aller Regel noch mehr Leid. Doch die Unmöglichkeit eines letzten Sinns hat auch Vorteile, denn sie schafft den Raum, in dem wir für den Augenblick überleben können. Es stimmt, dass für Überleben und Gedeihen mehr Sicherheit erforderlich ist, als Becketts entleertes Universum bereitstellt. Doch allzu starke Sicherheiten sind für unser Gedeihen auch wieder nicht gut. Das »vielleicht« gehört zu Becketts Reaktionen auf den faschistischen Absolutismus, den er als Mitglied der französischen Résistance mutig bekämpfte. Es stimmt, dass wir ein gewisses Maß an Gewissheit brauchen, aber es stimmt auch, dass zu viel davon tödlich sein kann. Inzwischen nimmt etwas anscheinend Unausrottbares seinen Lauf, so eintönig, anonym und unerbittlich wie ein Verdauungsprozess.

Das Verschwinden des stabilen Sinns ist einer der Gründe, weshalb man Becketts Werk schwerlich als tragisch bezeichnen kann, denn dazu erscheint es allzu unbestimmt. Ein weiterer Grund ist die resolute Banalität, der irische Hang zu satirischer Entlarvung und Entzauberung. Es ist ein Stück Antiliteratur, das die berauschende Rhetorik der Leistung untergräbt. Diese Schriften unterhalten einen geheimen Pakt mit dem Scheitern, mit dem ermüdenden und so gar nicht glanzvollen Geschäft der biologischen Lebenserhaltung. Becketts ausgelaugte, gedächtnislose Figuren vermögen sich nicht einmal zur Würde tragischer Gestalten aufzuschwingen, was ja immerhin in gewisser Weise ein stabiler Sinn wäre. Sie sind sogar zu unpraktisch veranlagt, um sich aufzuhängen. Wir haben es eher mit grober Farce oder schwarzem Karneval zu tun als mit großem Schauspiel. Wie im Zweiten Weltkrieg ist das Extreme einfach die Losung des Tages. Es scheint, als könnten wir nicht einmal unser eigenes Leid für uns beanspruchen, da das menschliche Subjekt implodiert ist, gemeinsam mit der Geschichte, zu der es gehört. Einem menschlichen Subjekt ein bestimmtes Gedächtnis oder eine bestimmte Erfahrung zuzuschreiben erforderte ein Maß an Sicherheit, das nicht mehr so leicht zu haben ist.

Nur sehr wenig an Becketts Schreiben ist stabil oder mit sich selbst identisch. Darum ist es rätselhaft, wie die Dinge so unbeständig und zugleich so durchgängig qualvoll sein können. Die eigentliche Paradoxie dieses Werkes liegt jedoch darin, dass es sich die nostalgische Sehnsucht nach Wahrheit und Sinn bewahrt, obwohl sich in seinem Zentrum ein sinnförmiges Loch befindet. Das andere Gesicht des Ungreifbaren und Vieldeutigen ist Becketts mönchische Hingabe an Präzision, seine irische Scholastik. Exzentrisch an seinem Schreiben erscheint der pedantische Umgang mit bloßen Bedeutungsfetzen, die peinlich genaue Ausformung von Leere, der auf verrückte Weise klarsichtige Versuch, das Unaussprechliche auszusprechen. Seine Kunst nimmt einen Satz von Postulaten und lässt ihn in gleichsam strukturalistischer Manier mechanisch seine diversen Permutationen durchlaufen, bis der Prozess erschöpft ist und ein weiterer, ebenso sinnloser Satz von Permutationen an seine Stelle tritt. Ganze Dramen entstehen so aus der wiederholten Anordnung derselben paar

Reste und Fetzen. Becketts Welt mag rätselhaft sein, doch sie verdankt sich einer kühlen Entmystifizierung. Seine Sprache schneidet alles Unwesentliche weg, lässt es zusammenschrumpfen und säbelt gleichsam bis auf die Knochen. Sie verrät einen protestantischen Widerwillen gegen alles Überflüssige und Ornamentale. Mit Kargheit kommt man der Wahrheit vielleicht am nächsten. Der Leser ist am Ende ärmer, aber aufrichtiger. Erstaunlich ist die skrupulöse Genauigkeit, mit der sein Werk den Wind webt; die strenge Logik, in der es mit Hinweisen und Absurditäten hantiert. Becketts Rohstoff mag grob und zufällig sein, doch er behandelt ihn ironisch stilisierend, mit tänzerischer Anmut und sparsamen Gesten. Es ist, als wäre der ganze formale Apparat der Wahrheit, der Logik und der Vernunft intakt, während die Inhalte längst zerronnen sind.

Die andere Seite des Beckett'schen Werkes ist indessen ein postmoderner Positivismus, für den die Dinge nicht unendlich unbestimmbar sind, sondern auf rohe Weise sie selbst. So schreibt sein Pariser Zeitgenosse Jean-Paul Sartre in *Das Sein und das Nichts*: »Ungeschaffen, ohne Seinsgrund, ohne irgendeinen Bezug zu einem anderen Sein, ist das An-sich-Sein zu viel für alle Ewigkeit.«[19] Das charakterisiert die Seite von Beckett, für welche die Welt genau das ist, was gerade der Fall ist; einen Künstler, der fasziniert ist von der trägen Stofflichkeit solcher Objekte wie Kieselsteine oder Bowlerhüte, aber der Versuchung widersteht, ihnen irgendeine großartige Bedeutung zuzuschreiben (»kein Symbol, wo keines beabsichtigt ist«, schreibt er).

Das wichtigste unter diesen trägen Objekten – wenngleich ohne jede privilegierte Stellung – ist der Körper, an dem niemals Sinn zu haften scheint. Der Körper ist einfach ein sperriger Mechanismus, in dem wir hocken wie ein Mann in der Kabine eines Krans. In Becketts Welt sind die Dinge entweder so wenig ausgeprägt, dass sie erschreckend vieldeutig erscheinen, oder unzugänglich für jeden Sinn. Die Wirklichkeit ist entweder ein versteinertes Gesicht, das keiner Deutung Halt bietet, oder ein rätselhaftes Flackern von Zeichen. Sie ist ein dunkler Raum, in dem alles verschwindet, aber auch voller scharfer Kanten und schwerer Gegenstände, peinigender körperlicher Schmerzen und splitternder Knochen.

Nach dieser zweiten, »postmodernen« Sicht ist das Leben nicht sinnvoll, aber auch nicht sinnlos. Wer düster behauptet, die Existenz habe keinen Sinn, ist Gefangener der Illusion, sie könne überhaupt Sinn haben. Und wenn man vom Leben nun einfach gar nicht in dieser Weise sprechen könnte? Wenn Sinn etwas ist, was die Menschen *tun*, wie könnten wir dann erwarten, dass die Welt Sinn hätte oder sinnlos wäre? Und weshalb sollten wir beklagen, dass sie sich uns nicht randvoll mit Sinn darbietet? Wir würden ja auch nicht darüber jammern, dass wir nicht mit kleinen Wollmützen geboren werden. Dass Babys mit kleinen Wollmützen geboren würden, gehört einfach nicht zu den Dingen, die wir erwarten dürfen. Es hat keinen Sinn, deshalb deprimiert zu sein. Dass wir ohne Kopfbedeckung auf die Welt kommen, ist kein Grund für tragische Angst. Es ist kein Mangel, der uns bei unseren alltäglichen Verrichtungen schmerzlich bewusst wäre.

Hier fehlt nichts, wie ja auch nichts fehlt, wenn ich auf die Frage, warum das Wasser kocht, antworte: »Weil ich den Kessel auf den Herd gestellt habe.« Allerdings könnte jemand meinen, ich hätte nicht wirklich erklärt, warum das Wasser kocht, sofern ich nicht auch die zugrunde liegenden chemischen Vorgänge erklärt habe sowie die wiederum diesen Vorgängen zugrunde liegenden Gesetze und so weiter, bis wir ein festes Fundament erreicht haben, in dem alles Fragen ein Ende findet. Solange es kein absolutes Fundament gibt, muss ohne Zweifel etwas fehlen, und alles hängt letztlich in der Luft. Genau das gilt nach Ansicht mancher Menschen für den Sinn. Wenn Sinn etwas ist, das wir uns einfallen lassen, kann er natürlich nicht als sicherer Unterbau für die Wirklichkeit dienen. Die Dinge müssen einen inhärenten Sinn haben, unabhängig davon, ob wir es so wollen. Und diese vielfältigen Ausprägungen von Sinn müssen sich zu einem einzigen Gesamtsinn zusammenfügen. Falls es keinen letzten Sinn gibt, gibt es gar keinen Sinn. Wenn das Schneien nicht bedeutet, dass Gott die Erde sanft in einen Mantel des Vergessens hüllen will, ist es einfach nur sinnlos.

Aber was ist »inhärenter« Sinn? Sinn ist nicht auf dieselbe Art in den Dingen wie Tinte in der Flasche. Es könnte irgendwo in der Welt einen sinnvollen Plan geben, der uns entgangen ist (eine Schneeflocke, die wir nicht sehen, oder ein bislang unentdecktes soziologisches Muster). Doch Sinn in der üblichen Bedeutung des Wortes ist sicher nichts dergleichen. Vielmehr handelt es sich dabei jeweils um eine Interpretation der Welt, und als solche ist er nicht unabhängig von uns. Wer von einem »inhärenten« Sinn spricht, versucht etwas zu beschreiben, was in der Wirklichkeit tatsächlich gegeben ist. Aber wir sind es, die beschreiben. Wir können dieser Art von Bedeutung dann »zugewiesene« Bedeutungen wie »Grönland« gegenüberstellen. Außerdem gibt es auch offenkundig subjektive Bedeutungen wie »Für mich ist die Skyline von Chicago das Antlitz Gottes« oder »Immer wenn ich das Wort ›Becken‹ höre, denke ich an Abraham Lincoln«.

Wie wir später noch sehen werden, können wir sagen, Sinn und Bedeutung seien irgendwie in die Dinge eingebaut oder lägen in ihrer Natur. Meistens ist allerdings der »inhärente« Sinn nichts anderes als der sprachliche Ausdruck, der erfasst, was da ist. Manchmal wissen wir einfach nicht, was da ist, und die Wahrheit könnte ganz anders aussehen als unsere bisherigen Interpretationen. Was heißt das nun für die Frage nach dem Sinn des Lebens? Könnte das Leben vielleicht einen »inhärenten« Sinn haben, von dem wir alle nichts wissen – und der ganz anders geartet ist als das, was wir uns in unserem individuellen Leben daraus zurechtzimmern? Sigmund Freud glaubte zum Beispiel, der Sinn des Lebens sei der Tod: Das ganze Streben des Eros und der Lebenstriebe richtet sich darauf, in einen Zustand todesähnlicher Stasis zurückzukehren, in dem das Ich keinen Schaden mehr nehmen könnte. Falls das wahr ist (und natürlich könnte es auch nicht wahr sein), folgt daraus, dass es auch schon vor Freuds Entdeckung wahr war und dass es auch jetzt wahr ist – selbst für alle, die es nicht sehen. Unsere Triebe und Sehnsüchte bilden vielleicht ein Muster, das uns selbst unbewusst ist, aber den Sinn unserer Existenz grundlegend bestimmt. Das Leben könnte also einen Sinn haben, der uns vollkommen unbekannt ist (oder war) und der dennoch nicht von einer übermenschlichen Kraft wie Gott oder dem Zeitgeist angelegt worden ist. Oder etwas technischer ausgedrückt: Aus Immanenz folgt nicht notwendig Transzendenz. Dass der Sinn des Lebens von Gott gegeben oder von uns selbst geschaffen wäre, ist nicht die einzige Alternative.

Schauen wir uns im Zusammenhang mit diesem scheinbaren Konflikt zwischen »zugeschriebenem« und »inhärentem« Sinn mal das Thema Sprache an. In der Literaturwissenschaft gab es eine Debatte über die Frage, ob der Sinn eines Gedichts im Werk selbst liegt und darauf wartet, vom Leser gefunden zu werden, oder ob wir, die Leser, ihn in das Werk hineintragen. Wenn wir als Leser dem Gedicht seinen Sinn geben, kriegen wir dann aus dem Gedicht nicht einfach nur das heraus, was wir hineinlegen? Wie könnte ein Gedicht uns unter diesen Umständen jemals überraschen und uns das Gefühl geben, dass es sich unserer Lesart widersetzt? Dieser Gedanke entspricht der Vorstellung, das Leben sei das, was wir daraus machen. Heißt das, wir erhielten vom Leben nur das, was wir hineingeben? »Der Mensch findet zuletzt in den Dingen nichts wieder, als was er selbst in sie hineingesteckt hat«, schreibt Nietzsche.[20] Wenn Sie also meinen, Ihr Leben sei leer, warum füllen Sie es dann nicht, wie Sie den Kühlschrank wieder auffüllen, wenn nichts mehr drin ist? Warum laut darüber klagen, wenn die Lösung so naheliegt? Dieses Verständnis von Sinn erscheint allerdings beunruhigend narzisstisch. Können wir denn niemals aus unserem Kopf heraus? Ist Sinn nicht dann echt, wenn wir das Gefühl haben, dass wir gegen ihn anrennen; wenn er uns Widerstand leistet oder uns abweist; wenn er sich uns mit einer gewissen Unausweichlichkeit aufdrängt? Wenn das Leben einen Sinn haben soll, kann er unmöglich in etwas bestehen, das wir nach Belieben hineinprojizieren. Bestimmt wird doch das Leben dabei selbst etwas zu sagen haben?

Wir werden uns gleich ansehen, wie das Leben sich dem widersetzen könnte, was wir daraus machen wollen. Zunächst wollen wir der Frage nachgehen, was es heißt, dass der Sinn eines Gedichtes »in« dem Gedicht liegt. Wenn man sagt, der Sinn der Zeile »Soll ich dich einem Sommertag vergleichen?«[21] liege in den Worten selbst, so sagt man damit, dass die Worte in der Sprache eine durch Übereinstimmung festgelegte Bedeutung haben. Diese Konvention reicht weitaus tiefer als alles, was die Worte meiner eigenen Meinung nach bedeuten sollten, und das wiederum steht in einem engen Zusammenhang mit einer praktischen Lebensweise. Dass es hier eine Übereinstimmung gibt, heißt nun aber nicht, dass wir nicht trotzdem über die Bedeutung dieser Worte in einem bestimmten Kontext streiten könnten. Vielleicht bedeutet »Soll ich?« hier so viel wie »Möchtest du, dass ich?«. Vielleicht bedeutet es aber auch: »Ist es wahr, dass ich dich einem Sommertag vergleichen werde?« Auch möglicherweise strittige Bedeutungen schreiben wir den Worten nicht etwa willkürlich zu. Dennoch liegen die Bedeutungen nur deshalb »in« den Worten, weil soziale Konventionen festlegen, dass die Buchstaben *T-a-g* für die Zeit zwischen Sonnenaufgang und Sonnenuntergang stehen sollen, die Buchstaben *d-i-c-h* für den Akkusativ des Personalpronomens du, und so weiter. Von außen betrachtet, sind diese Konventionen zweifellos willkürlich, wie sogleich deutlich wird, wenn man sie etwa mit den Wörtern für »Tag« und »dich« im Bulgarischen vergleicht. Doch von innen betrachtet, sind sie ebenso wenig willkürlich wie etwa die Regeln des Schachspiels.

Es mag irreführen, wenn man von einem »inhärenten« Sinn spricht – der irgendwie in Dinge oder Situationen eingebaut wäre, statt in sie hineingelegt zu werden. Aber diese Redeweise kann durchaus erhellend sein. So kann man von manchen Objekten sagen, sie verkörperten durch ihre materielle Präsenz einen gewissen Sinn oder brächten ihn zum Ausdruck. Das Paradebeispiel dafür ist das Kunstwerk. Das Seltsame an Kunstwerken ist die Tatsache, dass sie materiell und zugleich sinnhaft sind. Zu Beginn dieses Buches habe ich erwähnt, dass Objekte wie Kardiografen nicht an sich sinnhaften Charakter haben, weil Sinn eine Sache der Sprache und nicht der Dinge ist. Doch da Kardiografen im Unterschied zu Kohlköpfen menschliche Artefakte sind, kann man sicher sagen, Sinn und Absicht seien darin eingebaut. Schließlich erfüllen sie in der Welt der Medizin eine bestimmte Funktion, und zwar unabhängig von sonstigen Funktionen, die ich ihnen zuweisen könnte. Natürlich kann man einen Kardiografen an einem drückend heißen Tag ins Fenster klemmen, damit es nicht zuklappt, und bei entsprechendem Geschick könnte man damit auch den Angriff eines wahnsinnigen Killers abwehren, doch auch in solchen Fällen ist es immer noch ein Kardiograf, den ich auf diese Weise benutze.

Wer an Gott oder eine andere intelligente Kraft hinter dem Universum glaubt, für den hat die Welt einen eingebauten Sinn und Zweck, weil sie selbst ein Artefakt ist. Natürlich handelt es sich um eine in vieler Hinsicht ziemlich schludrige Arbeit, die der Künstler offenbar in einer weniger inspirierten Stunde geschaffen hat. Doch wir können hier ebenso wie bei einem Sessel von inhärentem Sinn sprechen. Wenn man sagt, ein Sessel sei ein »intentionaler« Gegenstand, meint man damit nicht, er hege geheime Wünsche. Man meint vielmehr, er sei für einen bestimmten Zweck gebaut worden, den er durch seine Bauweise erfüllt, nämlich dass Leute in ihm sitzen. Diesen Sinn oder diese Funktion hat der Sessel ganz unabhängig von dem Sinn, den ich ihm geben möchte. Aber dieser Sinn ist nicht schlechthin unabhängig vom Menschen. Der Sessel ist so gebaut, weil jemand ihn so entworfen hat.

Wenn wir uns fragen, ob ein bestimmter Vorfall zum Beispiel ein Ausdruck von Rassismus ist, fragen wir nach dem Vorfall als solchen und nicht danach, was wir davon halten oder mit welchen Worten wir ihn beschreiben. Sagen wir, dass Bedeutungen wie »voller Vorurteile« oder »diskriminierend« dem Vorfall »inhärent« seien, so sagen wir damit lediglich in etwas zurückhaltender Form, dass es sich bei dem Vorfall tatsächlich um Rassismus handelt. Wenn wir das nicht so sehen und etwa denken, »Rassismus« sei ein Satz subjektiver Bedeutungen, die wir den bloßen Tatsachen des betreffenden Geschehens überstülpten, betrachten wir nicht den Vorfall als solchen. Eine Beschreibung, in der Ausdrücke wie »diskriminierend« nicht vorkämen, weil man zum Beispiel »wertfrei« argumentieren möchte, könnte nicht angemessen erfassen, was da vor sich geht. Sie wäre nicht nur als Wertung gescheitert, sondern auch als Beschreibung. Das heißt nun nicht unbedingt, dass die Bedeutung des Vorfalls vollkommen klar ist. Ob es sich tatsächlich um Rassismus handelt, lässt sich möglicherweise nicht bestimmen. Das meinen wir, wenn wir sagen, man könne den Vorfall auf unterschiedliche oder sogar gegensätzliche Weise »konstruieren«. Worte wie »Rassismus« lassen Interpretationen zu, über die man streiten kann. Aber wir sprechen hier nicht über die Bedeutung von Interpretationen, sondern über die Wahrheit eines Vorfalls.

Betrachten wir das Problem mal aus umgekehrter Perspektive. Fragen wir nicht, wie ein »inhärenter« Sinn aussehen könnte, sondern was es heißt zu sagen, der Sinn hänge davon ab, wie wir die Welt »konstruieren«. Bedeutet das, wir könnten die Welt konstruieren, wie wir wollen? Sicher nicht. Niemand glaubt das, schon deshalb nicht, weil jeder weiß, dass wir uns mit unseren Interpretationen auch irren können. Die Gründe, die dafür angeführt werden, sind verschieden. Einig sind sich allerdings alle darin, dass es einfach nicht funktionieren würde, Tiger als Kuscheltiere zu »konstruieren«. Zunächst einmal würden dann einige Vertreter dieser Meinung nicht mehr unter uns weilen. Manche Denker verweisen darauf, das passe einfach nicht zu unseren übrigen Interpretationen, während andere argumentieren, diese Wahrnehmung der Tiger gestatte es uns nicht, segensreiche und lebensverlängernde Dinge zu tun, zum Beispiel schnellstmöglich wegzulaufen, wenn ein Tiger die Zähne fletscht. Andere Theoretiker, auch Realisten genannt, vertreten die Ansicht, wir könnten Tiger deshalb nicht für Kuscheltiere halten, weil sie keine Kuscheltiere seien. Und woher wissen wir das? Weil es klare Beweise dafür gibt, und diese Beweise stammen aus einer Welt, die unabhängig von unseren Interpretationen ist.

Welche Position man in dieser Frage auch beziehen mag, eines scheint sicher: Die Unterscheidung zwischen »inhärent« und »zugeschrieben« ist für manche Zwecke nützlich, in anderer Hinsicht ist sie überholt. In recht vielen Fällen, in denen von einem inhärenten Sinn die Rede ist, etwa in heidnischen Vorstellungen vom Schicksal, im christlichen Erlösungsgedanken oder in Hegels Idee, müssen die Menschen selbst Sinn in ihr Leben bringen. Danach sind wir keineswegs nur Marionetten einer grandiosen Wahrheit, wie Schopenhauer glaubt. Es gibt in diesen Fällen zwar eine solche Wahrheit, doch entfaltet sie sich ohne aktive Beteiligung der Menschen. Es gehört zum tragischen Schicksal des Ödipus, dass er, wenn auch unwissentlich, zu seiner eigenen Katastrophe beiträgt. Nach dem christlichen Glauben wird das Reich Gottes nicht kommen, wenn die Menschen nicht daran mitwirken, auch wenn die Tatsache, dass sie dies tun, in der Vorstellung von diesem Reich bereits enthalten ist. Für Hegel verwirklicht sich die Vernunft in der Geschichte nur durch das wirklich freie Handeln von Individuen, und tatsächlich erreicht sie ein Höchstmaß an Wirklichkeit, wenn der Einzelne ein Höchstmaß an Freiheit besitzt. Alle drei großen Erzählungen demontieren die Unterscheidung zwischen Freiheit und Notwendigkeit – zwischen der Schaffung unseres eigenen Sinns und der Übernahme eines Sinns, der in der Welt bereits vorhanden ist.

Sinn ist immer eine menschliche Leistung, und »inhärenter« Sinn ist eine menschliche Leistung, die etwas von der Wahrheit der Sache einzufangen vermag. Die Welt teilt sich nicht in Menschen, die glauben, der Sinn sei den Dingen in derselben Weise »inhärent«, wie der Blinddarm in meinem Unterleib ist, und Menschen, die in der Vorstellung, »einen Blinddarm zu haben«, lediglich eine auf den menschlichen Körper bezogene »soziale Konstruktion« sehen. (Aus nachvollziehbaren medizinischen Gründen weilen auch diese Menschen nicht mehr alle unter uns, um ihre Meinung zu vertreten.) »Konstruktionen« dieser Art sind sozusagen ein einseitiges Gespräch mit der Welt, in dem wir ihr – ein bisschen wie die Amerikaner im Irak – sagen, wie sie ist. Tatsächlich ist Sinn das Ergebnis einer Transaktion zwischen uns und der Wirklichkeit. Texte und Leser hängen wechselseitig voneinander ab.

Um auf unser Frage-und-Antwort-Modell zurückzukommen: Wir können der Welt Fragen stellen, und diese Fragen sind zweifellos nicht ihre, sondern unsere. Doch die Antworten, die uns die Welt vielleicht gibt, sind gerade deshalb aufschlussreich, weil die Wirklichkeit stets mehr ist, als unsere Fragen antizipieren. Sie geht über unsere Interpretationen hinaus und ist durchaus imstande, diesen Interpretationen den Mittelfinger zu zeigen oder sie gründlich zu zerpflücken. Sinn und Bedeutung kommen sicherlich vom Menschen, aber sie entstehen im Dialog mit einer Welt, deren Gesetze nicht der Mensch erfunden hat, und wenn Bedeutungen Geltung haben sollen, müssen sie die Körnung und Textur dieser Welt beachten. Aus dieser Erkenntnis erwächst eine gewisse Demut, die nicht zu dem konstruktivistischen Axiom passt, wonach wir der alles entscheidende Faktor für Sinn und Bedeutung sind. Diese auf den ersten Blick radikale Vorstellung macht in Wirklichkeit heimlich gemeinsame Sache mit einer westlichen Ideologie, für die nur solche Bedeutungen zählen, die wir der Welt und anderen Menschen aufdrücken.

Shakespeare wusste sehr genau um diese Fragen, wie ein Dialog in *Troilus und Cressida* über Helenas Wert in Troja zeigt:

TROILUS Was hat wohl andern Wert, als wir es schätzen?
HEKTOR Doch nicht des einzeln Willkür gibt den Wert,
Er hat Gehalt und Würdigkeit sowohl
In eigentümlich innrer Kostbarkeit,
Als in dem Schätzer …
Zweiter Aufzug, zweite Szene
(dt. von W. Graf Baudissin)

Troilus ist eine Art Existenzialist, für den die Dinge an sich weder Wert noch Sinn besitzen. Sie erhalten ihren Wert und ihren Sinn erst durch die darin investierten menschlichen Energien. Er meint, Helena sei kostbar, weil sie den Grund für einen glorreichen Krieg bildete, und nicht etwa, sie sei der Grund für den Ausbruch eines Krieges, weil sie so kostbar sei. Der weniger hitzköpfige Hektor vertritt dagegen eine eher »intrinsische« Werttheorie. In seinen Augen ist Wert ein Amalgam aus Gegebenem und Geschaffenem. Dinge genießen nicht einfach nur eine hohe Wertschätzung, sondern sind an sich kostbar oder wertlos. In gewisser Hinsicht hat er sicher Recht: Gesundheit, Frieden, Gerechtigkeit, Liebe, Glück, Humor, Milde und so weiter sind durchaus Anwärter auf die Kategorie des inhärent Wertvollen. Dasselbe gilt für Nahrung, Wasser, Wärme und Unterkunft, die wir zum Überleben brauchen. Doch viele Dinge, denen Hektor selbst wahrscheinlich einen inhärenten Wert beimisst – zum Beispiel Gold –, sind nur durch gemeinschaftliche Übereinkunft wertvoll. Shakespeare weiß um die Parallelen zwischen Wert und Sinn. Seine Stücke brüten ständig über der Frage, ob Sinn und Bedeutung den Dingen innewohnen oder relativ sind. Schließlich lebte er in einer Zeit des Übergangs vom Glauben an Ersteres zum Glauben an Letzteres. Und sein Theater stellt eine Verbindung her zwischen diesem Wandel und dem ökonomischen Übergang von »intrinsischen« Werten hin zu den von Marktkräften hervorgebrachten »Tauschwerten«.[22]

Der Streit zwischen »Inhärentisten« und »Konstruktivisten« reicht noch etwas weiter zurück als bis ins Elisabethanische Zeitalter. In einer aufschlussreichen Studie verfolgt Frank Farrell ihn zurück bis auf den Konflikt zwischen katholischer und protestantischer Theologie zu Beginn der Neuzeit.[23] Wenn Gott allmächtig ist, darf es in der Welt keinen inhärenten oder wesenhaften Sinn geben, da die göttliche Freiheit dadurch unvermeidlich eingeschränkt würde. Es darf nicht sein, dass die Schöpfung ihrem Schöpfer Widerstand entgegensetzt. Sie kann keinen eigenständigen und autonomen Geist haben. Freiheit und Allmacht Gottes ließen sich daher offenbar nur retten, wenn man die Welt von jedem inhärenten Sinn entleerte. So glaubten denn auch manche protestantischen Denker, die Wirklichkeit ausdünnen und ihr jene Dichte nehmen zu müssen, die katholische Theologen wie Thomas von Aquin ihr zuschrieben. Sie musste radikal unbestimmt sein, denn nur so war sie formbare Masse in den Händen des Allmächtigen, die er nach Belieben gestalten konnte. Danach brauchte er nicht die Tatsache zu beachten, dass zum Beispiel eine Frau eine Frau ist. Wenn es ihm gefiel, konnte er sie dazu bestimmen, sich wie ein Igel zu verhalten. Wie für die Vertreter der Postmoderne wird die Welt dadurch zu einer riesigen plastischen Chirurgie.

Wesenheiten – der Gedanke, dass Dinge einschließlich des Menschen eine bestimmte Natur haben – mussten also verschwinden. Wären sie geblieben, hätten sie der göttlichen Allmacht im Wege gestanden. Die »Realisten«, die an solch ein determiniertes Wesen glaubten, lieferten sich einen Kampf bis aufs Messer mit den »Nominalisten«, die darin nichts als sprachliche Fiktionen sahen. Der Protestantismus dieser Prägung ist daher eine Frühform des Anti-Essentialismus. Und wie einige heutige Formen des Anti-Essentialismus geht er mit einem gewissen Voluntarismus oder Kult des Willens einher. Ist die bestimmte Natur verschwunden, kommt der göttliche Wille als reine Willkür zu seinem Recht. Die Dinge sind dann nicht aus sich heraus, wie sie sind, sondern weil Gott es so bestimmt hat. Die Postmoderne ersetzt Gott lediglich durch den Menschen. Die Wirklichkeit ist nicht aus sich heraus irgendwie, sondern weil wir sie so konstruieren.

Für den Voluntaristen ist Folter moralisch verwerflich, weil Gott es so bestimmt hat, und nicht, weil sie an sich verwerflich wäre. Tatsächlich ist nichts aus sich heraus gut oder böse. Gott hätte ebenso gut beschließen können, dass es verwerflich sei, nicht zu foltern. Für seine Entscheidungen kann es keinen Grund geben, weil Gründe seiner absoluten Freiheit widersprächen.

Der Anti-Essentialismus geht daher mit Irrationalismus einher. Wie alle Tyrannen ist Gott ein Anarchist, der weder durch Gesetz noch durch Vernunft gebunden ist. Er ist die Quelle seines eigenen Gesetzes und seiner eigenen Vernunft, die allein seiner Macht dienen. Die Folter könnte durchaus erlaubt sein, falls seine Zwecke es gebieten. Es fällt nicht schwer, die Erben dieser Doktrinen in unserer eigenen politischen Welt zu identifizieren.

Doch wenn man die Welt von allem Wesenhaften gereinigt hat, ist der Weg für den ungezügelten Willen nicht unbedingt frei. Denn was wäre, wenn man feststellte, dass man mit dem Wesenhaften auch das Ich ausgetrieben hat? Wenn das Ich keine bestimmte Natur besitzt, werden sein Wollen und Handeln auf fatale Weise unterminiert. Im Augenblick seines größten Triumphs erweist das Ich sich als leer. Die Nachricht, dass es keinen vorgegebenen Sinn des Lebens gibt, ist zugleich beflügelnd und erschreckend. Das einzelne Ich hat die Stellung Gottes als oberster Gesetzgeber übernommen, doch wie Gott scheint es seiner gesetzgeberischen Tätigkeit in einem Vakuum nachzugehen. Sein Diktat erscheint ebenso willkürlich und sinnlos wie die göttlichen Gebote. In moralischen Fragen nimmt diese Einstellung gelegentlich die Form des sogenannten »Dezisionismus« an. Kindestötung ist verwerflich, weil ich oder wir einige grundlegende moralische Entscheidungen getroffen haben, aus denen dieses Verbot folgt. Nietzsche schreibt dazu: »*Die eigentlichen Philosophen aber sind Befehlende und Gesetzgeber*: sie sagen ›*so soll es sein!*‹.«[24] Einsam und triumphierend ist das Ich nun die einzige Quelle von Sinn und Wert in einer Welt, in der jeder inhärente Sinn verblasst ist. Doch diese Sinnlosigkeit scheint auch ins innerste Heiligtum des Ich eingedrungen zu sein. Wie der allmächtige Gott ist es frei, seine eigenen Bedeutungen auf die leere Schiefertafel des Kosmos zu schreiben. Doch da es keinen objektiven Grund mehr gibt, weshalb es so und nicht anders handeln sollte, erweist diese Freiheit sich als leer und selbstzerstörerisch. Die Menschheit selbst ist absurd geworden.

Das protestantische Ich findet keine Heimat mehr in der Welt. Die Bande zwischen beiden haben sich aufgelöst. Da die Wirklichkeit inhärent sinnlos ist, findet das Ich keine Reflexe seiner selbst mehr in einer Wirklichkeit, die aus einem gänzlich anderen Stoff besteht als es selbst. So beginnt es schon bald wie ein Schiffbrüchiger an seiner eigenen Existenz zu zweifeln, da es außerhalb seiner selbst nichts findet, das seine Identität bestätigen könnte. »Der Mensch« ist die einzige Quelle von Sinn in der Welt, doch die Welt hat dieser Art Sinnstiftung den Rücken gekehrt und sie dadurch dem Zufall und vollkommener Beliebigkeit überantwortet. Und da es weder Sinn noch Logik in den Dingen gibt, fehlt es ihnen auch an Vorhersagbarkeit. Deshalb bewegt sich das protestantische Ich ängstlich in einer verdunkelten Welt aus Zufallskräften, verfolgt vom Gespenst eines verborgenen Gottes und seiner eigenen Erlösung unsicher.

All das bedeutete natürlich auch eine gewaltige Befreiung. Es gab nun nicht mehr nur eine einzige gültige Lesart der Wirklichkeit. Die Priester hatten den Schlüssel zum Reich des Sinns nicht länger für sich allein. Eine Freiheit der Interpretation war nun möglich geworden. Die Menschen mussten sich nicht mehr dem vorgegebenen Sinn beugen, den Gott in die Welt hineingelegt hatte. Der geheiligte Text des Universums, in dem die materiellen Elemente allegorische Zeichen für spirituelle Wahrheiten darstellten, wich einem weltlichen Text. Von vorgefertigtem Sinn entleert, konnte die Welt nun nach den Bedürfnissen und Wünschen des Menschen konstruiert werden. Jetzt war es möglich, ehemals feste Bedeutungen zu lockern und auf phantasievolle Weise neu zu kombinieren. Bezeichnenderweise war es ein protestantischer Pastor, Friedrich Schleiermacher, der die Wissenschaft der Interpretation, die Hermeneutik, erfand. Man könnte sogar behaupten, dass diese Sicht ihre Grundlage im Alten Testament findet. In Genesis 2.19 heißt es: »Gott bildete noch aus dem Erdboden alle Tiere des Feldes und alle Vögel des Himmels, und er führte sie zum Menschen, um zu sehen, wie er sie benennen würde: so, wie der Mensch sie benennen würde, sollte ihr Name sein.« Da das Namengeben in der antiken jüdischen Kultur stets ein schöpferischer oder performativer Akt ist, besagt dieser Satz, dass der Mensch die Quelle des Sinns ist, Jahwe dagegen die Quelle des Seins. Gott macht die Tiere, bringt sie zum Menschen, und sie werden, was dieser aus ihnen macht.

Sollte der einsame protestantische Geist, der sich

ängstlich durch die Dunkelheit tastet, denen Kopfzerbrechen bereiten, die glauben, das Leben sei, was man daraus macht? Ja und nein. Nein insofern, als die Vorstellung, man könne dem Leben selbst einen Sinn verleihen, statt auf einen vorgegebenen Sinn zu hoffen, vollkommen plausibel ist. Ja insofern, als es eine ernsthafte Warnung sein sollte, dass wir bei der Bestimmung des Sinns unseres Lebens nicht jeden beliebigen Sinn auswählen können, der uns gerade durch den Kopf schießt. Was immer wir als Sinn unseres Lebens bestimmt haben, müssen wir vor dem Gerichtshof der allgemeinen Meinung rechtfertigen. Man kann nicht einfach sagen: »Ich persönlich sehe den Sinn meines Lebens darin, Haselmäuse zu ersticken«, und hoffen, damit durchzukommen.

Auch geht es hier nicht um eine Schöpfung aus dem Nichts. Die Menschen bestimmen sich selbst – aber nur auf der Basis einer tieferen Abhängigkeit von der Natur, der Welt und anderen Menschen. Und jeder Sinn, den ich selbst meinem Leben geben mag, ist gleichsam von innen her durch diese Abhängigkeit beschränkt. Wir können nicht bei null anfangen. Es kann nicht darum gehen, den von Gott gegebenen Sinn wegzuräumen und uns unseren eigenen zurechtzuzimmern, wie Nietzsche es sich offenbar vorstellte. Denn wo wir auch sein mögen, wir sind immer schon tief in Sinn und Bedeutung getaucht. Wir sind durchwebt von den Sinnvorstellungen und Bedeutungen anderer Menschen – Bedeutungen, die wir niemals selbst gewählt haben und die dennoch den Rahmen bilden für unser Verständnis von uns selbst und der Welt. In diesem Sinne und vielleicht sogar in jedem Sinne ist die Vorstellung, ich könnte den Sinn meines Lebens selbst bestimmen, eine Illusion.

Doch nicht nur, was andere aus ihrem Leben machen, schränkt mich in dem ein, was ich aus meinem eigenen machen kann. Es wird außerdem von den Aspekten meiner Existenz geprägt, die daraus erwachsen, dass ich Mitglied einer natürlichen Spezies bin, und die ihren deutlichsten Ausdruck in der materiellen Natur meines Körpers finden. Es kann nicht zum Sinn meines Lebens gehören, dass ich dreimal am Tag ohne Hilfsmittel zehn Meter in die Luft springe. Mit einem Lebensentwurf, der keine Rücksicht nähme auf die Realitäten der Verwandtschaft, der sozialen Gemeinschaft, der Sexualität, des Todes, des Spielens, Trauerns und Lachens, der Krankheit, der Arbeit, der Kommunikation und so weiter, kämen wir nicht weit. Es ist richtig, dass verschiedene Kulturen diese universellen Aspekte des menschlichen Lebens sehr unterschiedlich ausleben, doch richtig ist auch, dass sie im Leben des Einzelnen enorme Bedeutung haben. Viele zentrale Aspekte des persönlichen Lebens sind ganz und gar nicht persönlich. Allein schon weil wir rein körperlich Tiere sind, ist für uns sehr viel im Vorhinein festgelegt, nicht zuletzt auch unser Denken. Denn wie wir denken, ist eng mit unserem Tiersein verbunden.[25] Vielleicht hatte Wittgenstein unter anderem auch dies im Sinn, als er sagte: »Wenn ein Löwe sprechen könnte, wir könnten ihn nicht verstehen.« Solange der Sinn des

Lebens nicht auch meinen Körper und meine Zugehörigkeit zu einer biologischen Art umfasst, kann man unmöglich sagen, dass er mich umfasst. Einige Konsequenzen dieser Feststellung werden wir im folgenden Kapitel betrachten.

Ist das Leben, was wir daraus machen?

Bisher haben wir uns mehr mit dem Sinn als mit dem Leben beschäftigt. Doch das Wort »Leben« ist keineswegs weniger problematisch als das Wort »Sinn«, und der Grund ist leicht zu erkennen. Vielleicht können wir deshalb nicht von einem Sinn des Lebens sprechen, weil es so etwas wie Leben gar nicht gibt? Sind wir hier nicht, wie Wittgenstein sagen würde, von unserer Grammatik verhext, die zulässt, »Leben« im Singular in gleicher Weise zu benutzen wie das Wort »Tomate«? Vielleicht haben wir das Wort »Leben« nur deshalb, weil unsere Sprache stets verdinglicht. »Das *Wesen* ist in der Grammatik ausgesprochen«, schreibt Wittgenstein.[26] Wie in aller Welt könnte man annehmen, dass alles, was zum menschlichen Leben gehört, von der Geburt bis zum Holzschuhtanz, sich unter einen einzigen Sinn fassen ließe? Ist das nicht genau die Täuschung eines Paranoiden, für den alles in ominöser Weise auf anderes verweist, das sich damit zu einem bedrückend durchsichtigen Ganzen zusammenfügt? Oder, falls Ihnen das lieber ist, die Täuschung der Philosophie, die sich, wie Freud einmal boshaft bemerkte, an der Grenze zur Paranoia bewegt? Nicht einmal ein einzelnes Leben fügt sich zu einem Ganzen.

Zwar haben manche Menschen das Gefühl, ihr Leben bilde eine elegant konstruierte Erzählung, von der Einleitung bis zum Epilog, doch keineswegs alle sehen sich so. Wie sollte sich das Leben von Millionen und Abermillionen Menschen zu einem kohärenten Ganzen fügen, wenn nicht einmal ein einziges davon es tut? Zweifellos hat das Leben kaum genug Form, um auch nur ein Rätsel zu bilden.

»Der Sinn des Lebens« könnte durchaus bedeuten »Das, wozu es sich zusammenfügt«, und in diesem Fall müssten Geburt und Holzschuhtanz tatsächlich als Aspekte einer einzigen sinnvollen Ganzheit betrachtet werden. Und das ist mehr, als man von einem wohlgeformten, einheitlichen Kunstwerk erwarten könnte. Nicht einmal die grandioseste Geschichtsdarstellung erhebt den Anspruch, absolut alles mit Sinn erfüllen zu können. Der Marxismus weiß nichts über die analen Duftdrüsen der Zibetkatze zu sagen und hält das auch nicht für einen Mangel. Es gibt keine offizielle buddhistische Position zu den Wasserfällen in West Yorkshire. Es ist äußerst unwahrscheinlich, dass sämtliche Aspekte des menschlichen Lebens sich zu einem kohärenten Muster fügten. Genügt es vielleicht, wenn die meisten Aspekte dies tun? Oder soll »der Sinn des Lebens« eher »der wesenhafte Sinn des Lebens« bedeuten – also nicht, wozu alles sich zusammenfügt, sondern worauf es sich gleichsam eindampfen lässt? Eine Aussage wie »Der Sinn des Lebens ist Leiden« meint nicht, Leiden sei das ganze Leben oder Ziel und Zweck des Lebens, sondern sein bedeutsamster oder grundlegendster Aspekt. Wenn wir diesem Faden folgen, so die These, ergibt der ganze Wirrwarr einen Sinn.

Gibt es also ein Phänomen namens »menschliches Leben«, das Träger eines kohärenten Sinns sein kann? Gewiss spricht man gelegentlich in so allgemeiner Weise vom Leben. Das Leben ist ein Fest, eine Hühnerleiter, ein Kabarett, ein Jammertal, ein Bett aus Rosen. Dieses Bündel abgegriffener Etiketten macht nicht den Eindruck, als ließe sich darauf eine schlüssige Argumentation aufbauen. Doch die Annahme, alle Metaaussagen über das menschliche Leben seien leer, ist selbst leer. Es stimmt nicht, dass nur konkrete Partikularaussagen Kraft besäßen. Was ist zum Beispiel mit der Behauptung, die meisten Menschen in der Geschichte der Welt hätten ein elendes, fruchtloses Leben geführt? Sie ist sicher beunruhigender als die Aussage, die meisten Menschen in Delaware hätten ein elendes, fruchtloses Leben geführt.

Vielleicht ist es deshalb unmöglich, intelligente Allgemeinaussagen über das menschliche Leben zu machen, weil wir uns dazu außerhalb des Lebens stellen müssten. Und das wäre so, als wollten wir aus unserer Haut heraus. Zweifellos könnte nur jemand, der – wie etwa Gott – vollkommen jenseits des menschlichen Lebens stünde, es als Ganzes betrachen und sagen, ob es sich zu etwas zusammenfügt.[27] Der Gedankengang ist hier ähnlich wie bei Nietzsche, der in *Götzen-Dämmerung* argumentiert, das Leben könne an sich weder als wertvoll noch als wertlos beurteilt werden, da die

Kriterien, die wir für dieses Urteil benötigten, selbst Teil des Lebens seien. Doch das lässt sich bestreiten. Wir brauchen nicht außerhalb des menschlichen Daseins zu stehen, um sinnvolle Aussagen darüber zu machen, wie man ja auch nicht in Neuseeland sein muss, um die britische Gesellschaft als Ganze zu kritisieren. Natürlich hat niemand die britische Gesellschaft jemals als Ganze gesehen, wie ja auch niemand die Pfadfinderbewegung zu Gesicht bekommen hat. Doch aus den Teilen, die wir kennen, können wir durchaus sinnvolle Schlüsse auf die Teile ziehen, die wir nicht kennen. Es geht hier nicht darum, alles zu sehen, sondern darum, dass wir genug sehen, um Typisches von Untypischem zu unterscheiden.

Verallgemeinernde Aussagen über die Menschheit können unter anderem deshalb richtig sein, weil alle Menschen zur selben biologischen Art gehören und schon deshalb sehr vieles gemeinsam haben. Damit sollen nicht die politisch explosiven Differenzen und Unterschiede zwischen ihnen geleugnet werden. Doch die postmodernen Denker, die von der Differenz hingerissen sind und sie mit trostloser Gleichförmigkeit überall entdecken, wo sie hinschauen, sollten unsere Gemeinsamkeiten nicht übersehen. Die Unterschiede zwischen den Menschen sind von vitaler Bedeutung, aber sie bilden keine hinreichend sichere Grundlage für Ethik oder Politik.

Konnte man um das Jahr 1500 nicht von der *conditio humana* sprechen, kann man das im Jahr 2000 sehr wohl. Wer das nicht nachvollziehen kann, hat wohl noch nie etwas von der Globalisierung gehört. Der transnationale Kapitalismus hat zur Schaffung einer einzigen Menschheit beigetragen. Jetzt haben wir wenigstens den Willen gemeinsam, trotz der überall drohenden Gefahren für unsere Existenz zu überleben. In gewissem Sinne leugnet, wer eine *conditio humana* leugnet, auch die globale Erwärmung. Nichts sollte die Spezies Mensch so sehr einen wie die Möglichkeit ihrer Auslöschung. Zumindest im Tod finden wir zueinander.

Wenn der Sinn des Lebens im gemeinsamen *Ziel* der Menschen liegt, scheint klar zu sein, worin dieses Ziel besteht. Denn alle Menschen streben nach Glück. »Glück« ist natürlich ein schwaches, an Ferienlager erinnerndes Wort, das an manisches Grinsen und Herumlaufen in bunten Jacken denken lässt. Doch wie Aristoteles in seiner *Nikomachischen Ethik* schreibt, fungiert es im menschlichen Leben als eine Art Grundlinie, da man nicht sinnvoll fragen kann, *warum* wir denn glücklich sein wollten. Glück ist kein Mittel zu einem anderen Zweck, wie Geld oder Macht. Es ist eher so ähnlich wie der Wunsch, respektiert zu werden. Das Streben nach Glück scheint in unserer Natur zu liegen. Damit hätten wir hier so etwas wie einen Grundbegriff. Das Problem ist nur, dass er so verdammt unbestimmt bleibt. Die Idee des Glücks erscheint gleichermaßen vital und leer. Was gilt als Glück? Was, wenn jemand sein Glück darin findet, alte Damen zu erschrecken? Wer unbedingt Schauspieler werden will, verbringt vielleicht fruchtlose Stunden mit Vorsprechen und lebt dabei unterhalb der Armutsgrenze. Die meiste Zeit knurrt ihm der Magen, er macht sich Sorgen, ist mutlos. Glücklich in der üblichen Bedeutung des Wortes ist er nicht. Sein Leben ist weder angenehm noch erfreulich. Dennoch ist er bereit, sozusagen sein Glück für sein Glück zu opfern.

Glück wird gelegentlich als Gemütszustand verstanden. Nicht so bei Aristoteles. »Wohlbefinden«, wie sein Ausdruck für Glück gern übersetzt wird, ist gewissermaßen ein Zustand der Seele, der in seinen Augen nicht nur einen inneren Seinszustand umfasst, sondern auch die Disposition, in bestimmter Weise zu handeln. Ludwig Wittgenstein meinte einmal, das beste Abbild der Seele sei der Körper. Wenn du den »Geist« eines Menschen beobachten willst, schau dir an, was er tut. Glück erlangt man nach Aristoteles durch Tugend, und Tugend ist eher eine soziale Praxis als ein Gemütszustand. Glück ist Teil einer praktischen Lebensweise und kein privater Zustand innerer Zufriedenheit. Im Unterschied zu einer stärker dualistischen Sicht des Menschen kann man nach dieser Theorie jemanden eine Zeitlang beobachten und dann zu dem Schluss kommen, dass er glücklich sei. Und dazu müsste er noch nicht einmal strahlen oder Luftsprünge vollführen.

Diesem Punkt trägt Julian Baggini bei den Überlegungen zum Glück in seinem Buch *Der Sinn des Lebens* nicht genügend Rechnung. Um zu zeigen, dass Glück nicht einziger Inhalt und einziges Ziel des Lebens sein kann, argumentiert er folgendermaßen:

Wenn wir uns gerade aufmachten, unser Glück zu suchen, und sähen, wie jemand im Treibsand versinkt, sei es sicher besser, ihn zu retten, als ungerührt nach der eigenen Erfüllung zu streben.[28] Der Ausdruck »aufmachen, unser Glück zu suchen« ist zweifellos aufschlussreich, denn das klingt nach einem rein privaten Unternehmen, ein bisschen wie ein netter Abend in der Stadt. Tatsächlich besteht hier die Gefahr, dass Glück eher im Sinne von Lust oder Vergnügen verstanden wird. Jemanden aus dem Treibsand zu retten würde dazu nicht passen, denn es wäre kein Vergnügen. In Übereinstimmung mit den meisten Moralphilosophen räumt Baggini denn auch an anderer Stelle in seinem Buch ein, dass Lust und Vergnügen vorübergehende Empfindungen sind, während Glück in seiner besten Form einen dauerhaften Zustand darstellt. Man kann intensive Lust empfinden, ohne im Mindesten glücklich zu sein. Und wie man aus zweifelhaften Gründen glücklich sein kann (zum Beispiel indem man alte Damen erschreckt), so kann man auch moralisch zweifelhafte Gefühle wie Schadenfreude genießen.

Ein Einwand gegen Bagginis Beispiel liegt damit auf der Hand. Könnte die Rettung eines anderen Menschen aus dem Treibsand nicht Teil des eigenen Glücks statt eine von der Pflicht diktierte Ablenkung davon sein? Das ist nur dann nicht nachvollziehbar, wenn man Glück im Sinne von Vergnügen versteht und nicht wie Aristoteles im Sinne von Wohlbefinden. Für Aristoteles steht Glück im Zusammenhang mit der praktischen Ausübung von Tugend, und obwohl er sich nicht näher zur Rettung von Menschen aus Treibsand äußert, wäre diese Tat für seinen großen christlichen Nachfolger Thomas von Aquin ganz sicher ein Zeichen von Wohlbefinden. Denn Thomas sähe darin ein Beispiel für Liebe, die in seinen Augen letztlich nicht im Konflikt mit Glück steht. Das heißt nicht, dass Glück und Vergnügen für Aristoteles Gegensätze darstellten. Im Gegenteil, tugendhaft sind in seinen Augen Menschen, denen es Vergnügen bereitet, Gutes zu tun, während Menschen, die Gutes tun, ohne Spaß daran zu haben, nicht wirklich tugendhaft seien. Doch Lust nach Art des Ochsen oder eines Tyrannen ist sicher etwas Negatives und vom Glück zu unterscheiden.

Bagginis eher unaristotelische Vorstellung von Glück zeigt sich auch in einem Szenario, das er bei dem Philosophen Robert Nozick entlehnt. Nehmen wir an, wir wären an eine Art Supercomputer wie der in dem Spielfilm *Matrix* angeschlossen, der uns unablässig die virtuelle Erfahrung vollkommenen Glücks vermittelte. Würden die meisten Menschen diese verführerische Art des Glücks nicht wegen ihres unwirklichen Charakters ablehnen? Ist es nicht so, dass wir unser Leben lieber aufrichtig und ohne Selbstbetrug leben möchten, im Wissen darum, dass wir selbst die Urheber dieses Lebens sind, und in dem Bewusstsein, dass unser eigenes Streben und nicht etwa ein vorgefertigter Apparat verantwortlich für unser Gefühl von Erfüllung ist? Baggini glaubt, dass die meisten Menschen das Maschinenglück aus diesen Gründen ablehnen würden, und damit hat er sicher Recht. Aber die Vorstellung von Glück, die er uns hier anbietet, ist wiederum unaristotelisch. Es ist eher eine Stimmung oder ein Bewusstseinszustand als eine Lebensweise. Tatsächlich ist es genau die moderne Auffassung von Glück, die Aristoteles wohl als unverständlich oder zumindest als inakzeptabel empfunden hätte. In seinen Augen kann man nicht glücklich sein, wenn man sein Leben lang in einer Maschine sitzt, und zwar nicht, weil die Empfindungen nur simuliert und daher nicht real wären, sondern weil Wohlbefinden eine praktische und soziale Lebensweise erfordert. Glück ist für Aristoteles keine innere Disposition, aus der ein bestimmtes Handeln hervorginge, sondern eine Art des Handelns, die gewisse Dispositionen hervorbringt.

Der Grund, weshalb man nach Aristoteles' Vorstellungen nicht glücklich sein kann, wenn man sein Leben in einer Maschine verbringt, ist ziemlich genau derselbe, weshalb man nicht vollkommen glücklich sein kann, wenn man an einen Rollstuhl oder an die eiserne Lunge gefesselt ist. Und das nicht etwa, weil Behinderte nicht wie andere auch das kostbare Gefühl der Erfüllung erleben könnten, sondern weil die Behinderung das Vermögen beeinträchtigt, bestimmte Möglichkeiten und Fähigkeiten zu nutzen. Und das gehört nach der recht speziellen Definition des Aristoteles zum Glück oder Wohlbefinden. Es gibt andere Definitionen von Glück, nach denen auch Behinderte dazu fähig sind. Der affektierte Trend, zu leugnen, dass Behinderte tatsächlich behindert sind, ist ebenso heuchlerisch wie einst die viktorianische Leugnung der

Tatsache, dass Arme mit größter Wahrscheinlichkeit auch unglücklich sind. Vor allem in den USA, wo Krankheit als Schwäche gesehen wird und nur der Erfolg zählt, grassiert diese Form des Selbstbetrugs. Diese Tendenz passt zu einer Verdrängung unangenehmer Wahrheiten, wie sie in der westlichen Welt üblich ist, zu der Neigung, Leid unter den Teppich zu kehren.

Das eigene Glück für einen anderen Menschen zu opfern ist wahrscheinlich die bewundernswerteste Tat, die man sich vorstellen kann. Doch daraus folgt nicht, dass sie die typischste oder auch nur die erstrebenswerteste Form von Liebe darstellte. Sie ist nicht die erstrebenswerteste, weil es immer bedauerlich ist, dass so ein Opfer überhaupt erforderlich wird. Und sie ist nicht die typischste, weil Liebe, wie ich gleich noch näher ausführen werde, auf größtmöglicher Gegenseitigkeit beruht. Man kann seine kleinen Kinder so sehr lieben, dass man mit Freuden bereit wäre, sein Leben für sie hinzugeben. Doch weil Liebe im vollen Sinne von den Kindern erst noch gelernt werden muss, kann die Liebe zwischen Eltern und Kindern nicht als Urbild menschlicher Liebe gelten, und das gilt auch für weniger kostbare Beziehungen, etwa die Zuneigung zu einem treuen alten Hausangestellten. In beiden Fällen fehlt es der Beziehung an der nötigen Gleichheit.

Zum Glück oder Wohlbefinden gehört nach Aristoteles die schöpferische Umsetzung typisch menschlicher Fähigkeiten. Glück ist im gleichen Maße Tun und Sein. Und man kann es nicht allein tun – eines der Dinge, durch die Glück sich vom Streben nach Lust unterscheidet. Die aristotelischen Tugenden sind größtenteils soziale Tugenden. Die Idee der Selbstverwirklichung kann etwas Männliches, Rotgesichtiges an sich haben, als handelte es sich um eine Art spiritueller Gymnastik. Tatsächlich ähnelt das moralische Vorbild der »großen Seele« bei Aristoteles am ehesten einem wohlhabenden Herrn aus Athen, dem Scheitern, Verlust und Tragödie fremd sind – erstaunlich, ist Aristoteles doch der Autor einer der größten Abhandlungen über das letztgenannte Thema. Der gute Mensch klingt in den Ausführungen des Aristoteles eher nach Bill Gates als nach Franz von Assisi. Allerdings geht es ihm nicht darum, mit einer bestimmten Tätigkeit erfolgreich zu sein, zum Beispiel als Geschäftsmann oder als Politiker, sondern als Mensch. In der Fähigkeit, Mensch zu sein, sollen wir nach Aristoteles gut sein, und tugendhafte Menschen sind Virtuosen des Lebens. Dennoch ist etwas falsch an einer Theorie des Glücks, die die Vorstellung von einer glücklichen Frau als Widerspruch in sich empfinden könnte, ebenso wie die von glücklichem Scheitern.

Für Karl Marx dagegen, dessen Moralphilosophie in der aristotelischen Tradition steht, könnte es auch zur Selbstverwirklichung gehören, etwa ein Streichquartett anzuhören oder einen Pfirsich zu essen. Vielleicht klingt ja »Erfüllung« etwas weniger anstrengend als »Selbstverwirklichung«. Glück ist eine Frage der Erfüllung, und die sollte man nicht mit der Ideologie der Pfadfinder oder des Herzogs von Edinburgh verwechseln und im Leben eine Reihe von Hürden erblicken, die genommen werden müssen, und eine Reihe von Leistungen, die man sich ans Revers heftet. Leistungen bekommen ihren Sinn erst im Rahmen eines ganzen Lebens und nicht (in der Bergsteiger-Ideologie des Lebens) als isolierte Gipfel des Erfolgs.

Im Großen und Ganzen fühlen Menschen sich entweder gut oder nicht gut und sind sich dessen auch bewusst. Natürlich kann man hier den Einfluss eines, wie man sagt, falschen Bewusstseins nie ganz ausschließen. So mag ein Sklave vielleicht glauben, er sei vollkommen zufrieden, obwohl sein Verhalten verrät, dass er es keineswegs ist. Wir sind bemerkenswert vielseitig, wenn es darum geht, unser Elend zu rationalisieren. Doch wenn erstaunliche 92 Prozent der Iren bei einer Meinungsumfrage angeben, sie seien glücklich, bleibt uns kaum etwas übrig, als ihnen zu glauben. Es stimmt zwar, dass die Iren traditionell freundlich zu Fremden sind, und vielleicht behaupten sie nur, glücklich zu sein, um die Meinungsforscher glücklich zu machen. Aber wir haben keinen triftigen Grund, sie nicht beim Wort zu nehmen. Beim praktischen oder aristotelischen Glück ist die Gefahr des Selbstbetrugs allerdings deutlich höher. Denn woher sollen wir wissen, ob wir ein tugendhaftes Leben führen? Das könnte ein Freund oder ein Beobachter möglicherweise zuverlässiger beurteilen als man selbst. Vielleicht wollte Aristoteles mit seinen Abhandlungen zur Ethik ja den Menschen vermitteln, was wirklich als Glück gelten darf. Vielleicht nahm er an, dass in dieser Frage ein beträchtliches Maß an falschem Bewusstsein herrschte. Sonst ließe sich kaum nachvollziehen, weshalb er ein Ziel empfahl, das die meisten Menschen ohnehin verfolgen.

Wenn Glück ein Gemütszustand ist, hängt er mit einiger Sicherheit von den materiellen Umständen ab. Zwar wäre es möglich zu sagen, man könne auch trotz der Umstände glücklich sein, womit man dann in die Nähe Spinozas und der antiken Stoa käme. Doch es ist äußerst unwahrscheinlich, dass man in einem schmutzigen, überfüllten Flüchtlingslager ein zufriedenes Leben führen könnte, nachdem man gerade seine Kinder in einer Naturkatastrophe verloren hat. Nach dem aristotelischen Verständnis von Glück ist das noch offenkundiger. Man kann nicht tapfer, ehrbar und großzügig sein, wenn man nicht als einigermaßen freier Mensch in politischen Verhältnissen lebt, die solche Tugenden fördern. Deshalb sieht Aristoteles einen engen Zusammenhang zwischen Ethik und Politik. Ein gutes Leben erfordert eine bestimmte Art von Staat – in seinen Augen einen Staat mit vielen Sklaven und unterdrückten Frauen, die sich um die Hauptlast der Arbeit kümmern, während man selber auszieht, ein großartiger Mensch zu werden. Glück oder Wohlbefinden ist eine Frage der Institutionen. Es erfordert soziale und politische Verhältnisse, in denen man die Freiheit hat, seine schöpferischen Kräfte zu entfalten. Das zeigt sich weniger deutlich, wenn man Glück nach Art der Liberalen als eine innere oder individuelle Angelegenheit begreift. Glück als Gemütszustand erfordert vielleicht eine Umgebung ohne allzu viele störende Einflüsse, aber keine bestimmte Politik.

Glück mag also der Sinn des Lebens sein, aber die Frage ist nicht ein für alle Mal beantwortet. Wie wir gesehen haben, könnte jemand zum Beispiel behaupten, er sei glücklich, wenn er verachtenswerte Dinge tut. Er könnte sogar behaupten, er sei auf perverse Weise glücklich, wenn er unglücklich ist, wie in dem Satz: »Sein größtes Glück ist die Nörgelei.« Mit anderen Worten, wir haben stets auch das Problem des Masochismus zu berücksichtigen. Im Fall verachtungswürdigen Verhaltens könnte das Leben eines Menschen im formalen Sinne sinnvoll sein, also in dem Sinne, dass es ordentlich, kohärent, bestens organisiert und voller klar definierter Ziele ist, während es in seinem sittlichen Gehalt trivial oder nachgerade elend wäre. Beides kann sogar miteinander verwoben sein wie beim Syndrom bürokratischer Verkümmerung. Natürlich gibt es außer dem Glück noch weitere Kandidaten für den Sinn des Lebens, zum Beispiel Macht, Liebe, Ehre, Wahrheit, Lust, Freiheit, Vernunft, Autonomie, Staat oder Nation, Gott, Selbstaufopferung, Kontemplation, ein Leben im Einklang mit der Natur, das größte Glück der größten Zahl, Verzicht, Tod, Begehren, irdischen Erfolg, die Achtung der Mitmenschen, möglichst viele intensive Erfahrungen, herzlich lachen und so weiter. Für die meisten Menschen erhält das Leben in der Praxis, wenn auch nicht immer in der Theorie, seinen Sinn durch die Beziehung zu den Menschen, die ihnen am nächsten stehen, zum Beispiel Lebensgefährten und Kinder.

Manche dieser Kandidaten mögen vielen zu trivial oder zu instrumentell erscheinen, um als Sinn des Lebens durchzugehen. Macht und Reichtum gehören eindeutig in den Bereich des Instrumentellen, und allem Instrumentellen fehlt die grundlegende Qualität, die für den Sinn des Lebens anscheinend unabdingbar ist: Es steht im Dienst von etwas anderem und Grundlegenderem. Deshalb ist das Instrumentelle allerdings nicht unbedingt minderwertig. Auch die Freiheit ist zumindest nach manchen Definitionen instrumentell, doch die meisten Menschen halten sie für etwas Kostbares.

Mithin scheint es zweifelhaft, dass Macht der Sinn des Lebens sein könnte. Dennoch ist sie eine kostbare menschliche Ressource, wie alle Machtlosen nur zu gut wissen. Reichtum wird ebenso wie Macht nur von denen gering geschätzt, die genug davon haben. Entscheidend ist hier, wer sie in welchen Situationen zu welchen Zwecken ausübt. Doch sie scheint ebenso wenig wie Reichtum ein Endzweck zu sein – sofern man »Macht« nicht im Sinne Nietzsches versteht, für den sie mehr mit Selbstverwirklichung zu tun hat als mit Herrschaft. (Nicht dass Nietzsche etwas gegen eine ordentliche Portion Herrschaft gehabt hätte.) Der »Wille zur Macht« meint bei Nietzsche den Drang aller Dinge, sich zu verwirklichen, zu erweitern und zu vergrößern. Und es ist durchaus gerechtfertigt, darin einen Endzweck zu sehen, wie ja auch Aristoteles im Gedeihen des Menschen einen Endzweck sah. Spinoza verstand Macht in ganz ähnlicher Weise. In Nietzsches sozialdarwinistischer Sicht des Lebens beinhaltet diese endlose Vermehrung der Macht auch Macht im Sinne von

Herrschaft, insofern jede Lebensform danach strebt, die anderen zu unterjochen. Wer allerdings Macht im Sinne von Herrschaft als Endzweck begreifen möchte, der sei an die monströs-groteske Figur des verstorbenen britischen Zeitungszaren Robert Maxwell erinnert, eines Betrügers und Tyrannen, dessen Körper ein obszönes Abbild seiner Seele war.

Was nun den Reichtum betrifft, so leben wir in einer Kultur, die fromm bestreitet, dass Reichtum ein Endzweck sei, ihn aber in der Praxis so behandelt. Zu den stärksten Vorwürfen gegen den Kapitalismus gehört die Kritik, dass er uns zwinge, den größten Teil unserer schöpferischen Kräfte auf rein utilitaristische Angelegenheiten zu verwenden. Die Mittel des Lebens werden zum Zweck. Leben besteht darin, die materiellen Grundlagen für das Leben zu schaffen. Es ist schon erstaunlich, dass die materielle Organisation des Lebens im einundzwanzigsten Jahrhundert genauso im Mittelpunkt steht wie in der Steinzeit. Das Kapital, das man dazu verwenden könnte, die Menschen zumindest in geringem Umfang von der Notwendigkeit der Arbeit zu befreien, wird stattdessen eingesetzt, um noch mehr Kapital anzuhäufen.

Wenn die Frage nach dem Sinn des Lebens unter diesen Umständen besonders dringlich erscheint, so unter anderem deshalb, weil diese ganze Akkumulation letztlich ebenso sinn- und zwecklos ist wie der Schopenhauer'sche Wille. Wie der Wille besitzt das Kapital seine eigene Schwungkraft, existiert in erster Linie um seiner selbst willen und benutzt Individuen als Instrumente seiner eigenen blinden Entwicklung. Es ist außerdem ähnlich bauernschlau wie der Willen, indem es den Menschen, die es als Werkzeuge für seine Zwecke einsetzt, einredet, sie seien kostbar, einzigartig und selbstbestimmt. Während Schopenhauer diese Täuschung als »Bewusstsein« bezeichnet, nennt Marx sie Ideologie.

Freud glaubte anfangs, der Sinn des Lebens sei das Begehren. Später kam er zu der Überzeugung, der Sinn des Lebens sei der Tod. Doch diese These kann man auf unterschiedliche Art verstehen. Für Freud selbst bedeutete sie, dass wir alle letztlich im Banne des *Thanatos* stehen, des Todestriebs. Sie kann aber auch bedeuten, dass ein Leben, in dem es nichts gibt, für das man zu sterben bereit wäre, kaum besonders sinnvoll ist. Oder dass ein Leben im Bewusstsein der Sterblichkeit zu führen heißt, mit Realismus, Ironie, Wahrhaftigkeit und einem heilsamen Sinn für unsere Endlichkeit und Hinfälligkeit zu leben. Zumindest in dieser Hinsicht leben wir authentisch, wenn wir dem die Treue halten, was uns am stärksten mit den Tieren verbindet. Wir laufen weniger Gefahr, uns auf hochfliegende Pläne einzulassen, mit denen wir Leid über uns selbst und andere bringen. Das unbewusste Vertrauen darauf, dass wir unsterblich sind, ist die Ursache für viele unserer zerstörerischen Neigungen. Wären wir uns der Vergänglichkeit aller Dinge bewusst, würden wir uns nicht neurotisch an ihnen festklammern. Mit etwas produktiver Distanz wären wir eher in der Lage, die Dinge so zu sehen, wie sie sind, und uns an ihnen zu erfreuen. So gesehen bereichert und intensiviert der Tod das Leben, statt es seines Wertes zu berauben. Das ist keine Variante des *carpe-diem*-Rezeptes, sondern das genaue Gegenteil. Die wilde *jouissance* des »Nutze den Tag!«, das Blütensammeln, das »Trink noch einen und lebe, als gäbe es kein Morgen«, ist eine verzweifelte Strategie zur Überlistung des Todes, eher ein sinnloser Versuch, ihn übers Ohr zu hauen, als etwas aus dem Leben zu machen. In ihrem hektischen Hedonismus erweist sie dem Tod gerade da eine Reverenz, wo sie ihn eigentlich zu verleugnen sucht. Bei aller Bravour bleibt es eine pessimistische Sicht, das Akzeptieren des Todes ist hingegen realistisch.

Das Bewusstsein unserer Grenzen, die der Tod uns so unerbittlich vor Augen führt, bedeutet übrigens zugleich auch ein Bewusstsein für unsere Abhängigkeit von anderen und für die Grenzen, die sie uns auferlegen. Wenn Paulus sagt, dass wir jeden Augenblick sterben, denkt er wohl auch an die Tatsache, dass wir nur dann gut zu leben vermögen, wenn wir unsere Bedürfnisse denen der anderen unterordnen, sozusagen in einem kleinen Tod, *un petit mort*. Damit proben wir gewissermaßen den endgültigen Verzicht, den der Tod darstellt, und nehmen ihn im Geist vorweg. So wird der Tod im Sinne einer kontinuierlichen Selbstaufgabe die Quelle guten Lebens. Wenn das allzu sehr nach Unterwerfung und Selbstverleugnung klingt, so nur weil wir übersehen, dass sich daraus, wenn andere dasselbe tun, eine Form gegenseitigen Dienens ergibt, auf deren

Grundlage jedes einzelne Ich gedeiht. Der herkömmliche Name für diese Gegenseitigkeit ist Liebe.

Doch wir sterben auch jede Minute in einem wörtlicheren Sinne. Unser Leben ist gleichsam ständige Negation. Wir annullieren eine Situation, indem wir uns in eine andere projizieren. Diese unablässige Selbstüberschreitung, die nur dem sprachbegabten Tier möglich ist, bezeichnen wir als Geschichte. Psychoanalytisch betrachtet trägt sie allerdings den Namen Begehren, und hier liegt einer der Gründe, weshalb das Begehren ein plausibler Kandidat für den Sinn des Lebens ist. Begehren stellt sich ein, wo etwas fehlt. Es geht um einen Mangel, der die Gegenwart aushöhlt, um uns in eine ähnlich ausgehöhlte Zukunft zu verfrachten. In gewissem Sinne sind Tod und Begehren Gegenspieler, denn wenn wir aufhörten zu begehren, käme die Geschichte zum Stillstand. In einem anderen Sinne jedoch reflektiert das Begehren, das die Freudianer für die Triebkraft des Lebens halten, in seinem inneren Mangel den Tod, zu dem es uns am Ende führt. Auch in diesem Sinne ist das Leben die Vorwegnahme des Todes. Nur weil wir den Tod in uns tragen, können wir überhaupt weiterleben.

Wenn der Tod als allzu düstere Antwort auf die Frage nach dem Sinn des Lebens erscheint und das Begehren als allzu heiße, wie wäre es dann mit geistiger Versenkung? Von Platon und Spinoza bis hin zu dem neokonservativen Guru Leo Strauss hatte die Vorstellung, die Reflexion über die Wahrheit der Existenz sei das edelste Ziel des Menschen, seinen Reiz, nicht zuletzt – unnötig zu sagen – für Intellektuelle. Das Gefühl, schon dadurch dem Sinn des Universums nahe zu sein, dass man allmorgendlich sein Büro in der Universität betritt, ist durchaus angenehm. Es ist, als würde ein Schneider auf die Frage nach dem Sinn des Lebens antworten: »Eine wirklich fantastische Hose«, oder ein Bauer: »Eine Super-Ernte«. Selbst Aristoteles sah bei allem Interesse am praktischen Leben in der Kontemplation die höchste Form der Erfüllung. Doch der Gedanke, der Sinn des Lebens bestehe darin, über den Sinn des Lebens nachzudenken, scheint sich doch in den Schwanz zu beißen. Außerdem wird damit unterstellt, der Sinn des Lebens sei eine Aussage von der Art »Das Ich ist eine Illusion« oder »Alles ist aus Grießmehl«. Eine kleine Elite von Weisen, die ihr Leben damit verbringen, über solchen Fragen zu brüten, kann dann das Glück haben, auf eine Antwort zu stoßen, worin auch immer sie bestehen mag. Das gilt zwar nicht so sehr für Aristoteles, nach dessen Ansicht solche Spekulation oder *theōria* selbst eine Art Praxis darstellt, zeigt aber die Gefahr, die hier generell droht.

Falls das Leben einen Sinn hat, ist er bestimmt nicht von dieser Art. Der Sinn des Lebens ist weniger eine Aussage als eine Praxis; keine esoterische Wahrheit, sondern eine bestimmte Lebensweise. Als solche können wir sie nur im Leben wirklich erkennen. Vielleicht hatte Wittgenstein so etwas im Sinn, als er im *Tractatus* schrieb: »Wir fühlen, dass selbst, wenn alle möglichen wissenschaftlichen Fragen beantwortet sind, unsere Lebensprobleme noch gar nicht berührt sind. Freilich bleibt dann eben keine Frage mehr; und eben dies ist die Antwort. Die Lösung des Problems des Lebens merkt man am Verschwinden dieses Problems« (6.52, 6.521).

Wie sollen wir diese kryptischen Sätze verstehen? Wittgenstein meint wahrscheinlich nicht, der Sinn des Lebens sei grundsätzlich eine Scheinfrage, sondern nur soweit es die Philosophie betrifft. Und Wittgenstein empfand keine besondere Achtung vor der Philosophie, der er mit seinem *Tractatus* ein Ende zu machen hoffte. Alle lebenswichtigen Fragen, so glaubte er, liegen außerhalb der strengen Grenzen des Subjekts. Der Sinn des Lebens ließ sich seines Erachtens nicht sagen, wie es in einer Tatsachenaussage geschieht, und für den frühen Wittgenstein hatten nur solche Aussagen Sinn. Wir erhaschen zumindest einen Blick auf den Sinn des Lebens, wenn wir erkennen, dass er nicht zu den Dingen gehört, die eine Antwort auf eine philosophisch sinnvolle Frage sein können. Er ist nicht in diesem Sinne eine »Lösung«. Erst wenn wir erkennen, dass der Sinn des Lebens jenseits solcher Fragen liegt, verstehen wir, dass genau dies unsere Antwort ist.

Das zu Beginn des Buches zitierte Wort von Wittgenstein – »Nicht *wie* die Welt ist, ist das Mystische, sondern *dass* sie ist« – bedeutet vielleicht, dass wir zwar über diesen oder jenen Sachverhalt in der Welt, nicht aber über Wert, Sinn und Bedeutung der Welt als Ganzes sprechen können. Das heißt nicht, dass Wittgenstein solche Aussagen als Unsinn abgetan hätte, wie die logischen Positivisten es taten. Im Gegenteil, er hielt sie für weitaus wichtiger als Aussagen über faktische Sachverhalte. Nur glaubte er, dass Sprache die Welt als Ganze nicht darstellen kann. Doch auch wenn man Sinn und Bedeutung der Welt insgesamt nicht ausdrücken kann, ist es möglich, sie zu zeigen. Und er tat genau das in negativer Form, indem er zeigte, was die Philosophie *nicht* sagen kann.

Der Sinn des Lebens ist nicht die Lösung eines Problems, sondern eine bestimmte Art zu leben. Er ist nicht metaphysisch, sondern ethisch. Er ist nichts vom Leben Losgelöstes, sondern das, was das Leben lebenswert macht – das heißt eine bestimmte Qualität, Tiefe, Fülle und Intensität des Lebens. In diesem Sinne ist der Sinn des Lebens das Leben selbst, auf eine bestimmte Weise betrachtet.

Fachhändler für den Sinn des Lebens sind über diese Behauptung nicht sonderlich glücklich, sie erscheint ihnen nicht geheimnisvoll und majestätisch genug, zu banal und zu allgemein verständlich: kaum erbaulicher als »42«. Oder als der T-Shirt-Slogan: »Soll das etwa alles gewesen sein?« Sie nimmt die Frage nach dem Sinn des Lebens dem Kreis der Adepten oder *cognoscenti* aus den Händen und stellt sie zurück in das Routinegeschäft des alltäglichen Lebens. Genau dieses Abgleiten ins Banale zeigt Matthäus in seinem Evangelium, als er die glanzvolle Wiederkehr des Menschensohnes inmitten der himmlischen Heerscharen darstellt. Trotz solcher kosmischen Bilder von der Stange erweist die Erlösung sich dann nämlich als beschämend prosaische Angelegenheit, bei der es darum geht, den Hungernden zu essen und den Dürstenden zu trinken zu geben, Fremde freundlich aufzunehmen und Gefangene zu besuchen. Das hat keinerlei religiösen Glanz und keine Aura. Jeder kann es tun. Der Schlüssel zum Universum ist, wie sich herausstellt, keine erschütternde Offenbarung, sondern etwas, das viele anständige Menschen ohnehin machen, ohne groß Gedanken darauf zu verschwenden. Die Ewigkeit liegt nicht in einem Sandkorn, sondern in einem Glas Wasser. Der Kosmos dreht sich um die Tröstung der Kranken. Wer so handelt, hat Teil an der Liebe, die einst die Sterne hat entstehen lassen. So zu leben bedeutet nicht nur Leben zu haben, sondern es in Fülle zu haben.

Solches Tun ist bekannt unter dem Namen *agapē* oder Liebe und hat nichts mit erotischen Gefühlen oder auch nur Zuneigung zu tun. Das Gebot der Liebe ist ganz und gar unpersönlich. Ihr Vorbild ist die Liebe zu Fremden und nicht zu den Menschen, die man begehrt oder bewundert. Sie ist eine Praxis oder Lebensweise und kein Gemütszustand. Sie hat nichts mit warmherzigen Gefühlen oder persönlicher Intimität zu tun. Ist also Liebe der Sinn des Lebens? Sie war sicher der bevorzugte Kandidat vieler scharfsinniger Beobachter, nicht zuletzt vieler Künstler. Die Liebe ähnelt dem Glück insofern, als sie einen grundlegenden Begriff darstellt, einen Endzweck. Wie das Glück scheint sie zu unserem Wesen zu gehören. Es lässt sich kaum sagen, warum man einem Dürstenden zu trinken geben sollte, erst recht nicht, wenn man weiß, dass er in ein paar Minuten ohnehin sterben wird.

In anderer Hinsicht gibt es allerdings deutliche Gegensätze zwischen beiden Werten. Wer sein Leben der Pflege eines schwerbehinderten Kindes widmet, opfert sein Glück um der Liebe willen, selbst wenn dieses Opfer im Blick auf das Glück (des Kindes) erfolgt. Der Kampf um Gerechtigkeit, auch eine Form von Liebe, kann einen das Leben kosten. Liebe ist anstrengend und entmutigend, voll von Kämpfen und Enttäuschungen und weit entfernt von strahlend sinnlichen Freuden. Trotzdem kann man immer noch behaupten, Liebe und Glück seien letztlich nur verschiedene Beschreibungen derselben Lebensweise. Ein Grund dafür ist, dass Glück gar nicht in glühend sinnlichen Freuden liegt, sondern (zumindest für Aristoteles) ein Zustand des Wohlbefindens ist, der aus der freien Entfaltung der eigenen Kräfte und Fähigkeiten erwächst. Und Liebe, so könnte man sagen, ist genau dieser Zustand, wenn es ums Zwischenmenschliche geht – ein Zustand, bei dem die Entfaltung des Einzelnen aus der Entfaltung der anderen resultiert.

Wie sollen wir diese Definition von Liebe verstehen, die gleich weit von Catull wie von Catherine Cookson entfernt ist? Zunächst einmal können wir auf unseren früheren Gedanken zurückkommen, wonach die Möglichkeit, dass dem menschlichen Leben an sich schon ein Sinn innewohnt, nicht vom Glauben an eine transzendente Macht abhängt. Es kann durchaus sein, dass die menschliche Evolution ein Zufallsprozess war. Daraus folgt jedoch nicht notwendig, dass der Mensch kein eigentümliches Wesen besäße. Und gutes Leben könnte in der Entfaltung dieses Wesens bestehen. Auch die Bienen haben sich zufällig entwickelt, trotzdem kann man sagen, dass sie eine bestimmte Natur haben. Bienen tun bienenhafte Dinge. Im Fall des Menschen ist das weniger offenkundig, da es anders als bei den Bienen zu unserem Wesen gehört, dass wir Kulturtiere sind, und Kulturtiere sind hochgradig unbestimmte Geschöpfe. Dennoch dürfte klar sein, dass die Kultur unser »artspezifisches Sein« oder unsere biologische Natur nicht einfach aufhebt. So sind wir von Natur soziale Tiere, die kooperieren müssen, wenn sie nicht sterben wollen. Aber wir sind auch individuelle Wesen, die nach ihrer eigenen Erfüllung streben. Dass wir Individuen sind, ist eine Folge unseres artspezifischen Seins, kein Gegensatz dazu. So wäre sie undenkbar ohne die Sprache, die mir nur deshalb gehört, weil sie zuerst einmal der Spezies Mensch gehört.

Was wir Liebe genannt haben, ist die Art und Weise, in der wir unser individuelles Streben nach Erfüllung mit der Tatsache versöhnen, dass wir soziale Wesen sind. Denn Liebe heißt, für einen anderen den Raum zu schaffen, in dem er sich entfalten kann, während er dasselbe für uns tut. Die Erfüllung des einen wird zur Grundlage für die Erfüllung des anderen. Wenn wir unser Wesen in dieser Weise entfalten, sind wir so gut, wie wir nur sein können. Denn in einer Weise nach Erfüllung zu streben, die es anderen ermöglicht, dasselbe zu tun, schließt Mord, Ausbeutung, Folter, Egoismus und dergleichen aus. Wer anderen Schaden zufügt, der schadet auf lange Sicht auch der eigenen Erfüllung, die auf der Freiheit der anderen beruht, dabei ein Wort mitzureden. Und da wahre Gegenseitigkeit nur unter Gleichen möglich ist, torpedieren Unterdrückung und Ungleichheit sich auf lange Sicht ebenfalls selbst. All das steht im Widerspruch zum liberalen Gesellschaftsmodell, wonach es ausreicht, dass meine eigene individuelle Entfaltung vor störenden Einflüssen anderer Menschen geschützt ist. In diesem Modell sind andere Menschen keine Voraussetzung, sondern eine Bedrohung für mein Sein. Und das sagt auch Aristoteles, obwohl er für seine Sicht des Menschen als ein politisches Wesen gefeiert wird. Tugend oder Wohlbefinden gründen bei ihm nicht notwendig auf zwischenmenschlichen Beziehungen. Zwar glaubt auch er, dass andere Menschen wesentliche Bedeutung für unsere eigene Entfaltung haben und ein Dasein in Einsamkeit nur etwas für Götter und wilde Tiere ist. Doch dem aristotelischen Menschen ist die Liebe fremd, wie Alasdair MacIntyre festgestellt hat.[29]

Die Vorstellung, der Sinn des Lebens sei eine individuelle Angelegenheit, ist nach wie vor sehr lebendig. Julian Baggini schreibt: »Die Suche nach dem Sinn ist ihrem Wesen nach subjektiv.«[30] Sie setze »die Möglichkeit und Verantwortung« voraus, »den Sinn des Lebens zu entdecken und auch zum Teil selbst zu definieren«.[31] Für John Cottingham ist ein sinnerfülltes Leben »eines, in dem der Einzelne sich für wirklich wertvolle Dinge engagiert …, in denen seine als autonom Handelnder getroffenen rationalen Entscheidungen zum Ausdruck kommen«.[32] Nichts davon ist falsch. Aber hier zeigt sich eine überzogen individualistische Sicht, wie sie für die Moderne typisch ist. Sie versteht den Sinn des Lebens nicht als ein Projekt, das auf Gemeinsamkeit und Gegenseitigkeit beruht. Sie übersieht, dass es Sinn definitionsgemäß nicht für einen einzelnen Menschen allein geben kann, ob es sich nun um den Sinn des Lebens oder einen anderen Sinn handelt. Wenn wir nur durch andere und in anderen ins Sein gelangen, muss das wichtige Folgen für die Frage nach dem Sinn des Lebens haben.

Nach der gerade beschriebenen Theorie stehen zwei der stärksten Kandidaten für den Sinn des Lebens – Liebe und Glück – nicht im Widerspruch zueinander. Wenn Glück mit Aristoteles als freie Entfaltung unserer Fähigkeiten verstanden wird und Liebe die Form von Gegenseitigkeit ist, die dies am ehesten ermöglicht, dann geraten beide letztlich nicht in Konflikt miteinander. Auch gibt es keinen Konflikt zwischen Glück und Moral, da die gerechte und mitfühlende Behandlung anderer Menschen letzten Endes die Voraussetzung für das eigene Wohlergehen ist. Wir brauchen uns nicht wirklich Gedanken um eine Lebensweise zu machen, die insofern sinnvoll aussieht, als sie schöpferisch, dynamisch, erfolgreich und erfüllt ist, aber darin besteht, andere Menschen zu quälen oder zu unterdrücken. Auch sind wir nach dieser Theorie nicht gezwungen, zwischen verschiedenen Kandidaten für ein gutes Leben zu wählen, wie Julian Baggini glaubt. Er schlägt eine Reihe von Möglichkeiten vor – Glück, Altruismus, Liebe, Leistung, Verzicht oder Selbstaufgabe, das Gesamtwohl der Gattung – und meint in seiner liberalen Art, dass an alledem etwas Wahres sei. Entsprechend schlägt er ein Auswahl-Modell vor, bei dem man sich die gewünschten Elemente selbst zusammenstellen kann. Wie ein Designer kann jeder die Werte herausgreifen, die ihm zusagen, und sie zu einem einzigartigen Leben vereinen, das ihm angemessen erscheint.

Dagegen ist es durchaus möglich, die meisten dieser Werte als miteinander kombinierbar zu begreifen. Stellen wir uns einmal eine Jazzband als Bild für ein gutes Leben vor.[33] Eine Jazzband unterscheidet sich bei ihren Improvisationen offensichtlich von einem Symphonieorchester, da die einzelnen Mitglieder der Band in ihrem musikalischen Ausdruck frei sind. Sie nutzen diese Freiheit jedoch mit einfühlsamer Rücksichtnahme auf die Ausdrucksfreiheit der übrigen Musiker. Die komplexe Harmonie, die sich daraus ergibt, stammt nicht aus einer gemeinsamen Partitur, sondern aus dem freien musikalischen Ausdruck jedes einzelnen Bandmitglieds, der seinerseits die Grundlage für den freien Ausdruck der anderen Mitglieder bildet. Während jeder einzelne Musiker an Ausdruckskraft gewinnt, lassen die übrigen sich davon inspirieren und zu noch größeren Leistungen anspornen. Hier gibt es keinen Konflikt zwischen Freiheit und dem »Wohl des Ganzen«, dennoch ist das Bild alles andere als totalitär. Zwar leistet jeder Musiker einen Beitrag zum »Wohl des Ganzen«, aber nicht indem er die Zähne zusammenbeißt und sich aufopfert, sondern indem er sich durch die Musik ausdrückt. Wir können hier von Selbstverwirklichung sprechen, aber nur insofern das Ich sich in der Musik als Ganzer verliert. Wir können von Leistung sprechen, aber nicht im Sinne eines selbstbeweihräuchernden Erfolges. Vielmehr fungiert die Leistung – die Musik selbst – als Medium der Beziehung zwischen den Musikern. Aus der künstlerischen Leistung erwachsen Freude und Lust und auch Glück im Sinne von Entfaltung, da es hier zur freien Verwirklichung von Fähigkeiten kommt. Weil diese Entfaltung auf Gegenseitigkeit beruht, können wir im Sinne einer Analogie oder im übertragenen Sinne auch von Liebe sprechen. Es gibt schlechtere Kandidaten für den Sinn des Lebens – wenn es darum geht, was dem Leben einen Sinn geben könnte, aber auch, vielleicht weniger unumstritten, wenn es darum geht, wie wir unsere menschliche Natur am besten verwirklichen können.

Können wir nun sagen, der Sinn des Lebens sei Jazz? Nicht ganz. Ziel wäre es, diese Art von Gemeinschaft in größerem Maßstab zu schaffen, und das ist Aufgabe der Politik. Natürlich ist das ein utopisches Ziel, aber darum ist es ja noch nicht schlecht. Der Sinn solcher Vorstellungen liegt darin, dass sie die Richtung angeben, auch wenn wir das Ziel selbst leider niemals erreichen werden. Was wir brauchen, ist eine vollkommen zweckfreie Lebensweise, wie ja auch die Jazzmusik zweckfrei ist. Statt einem nützlichen praktischen oder einem ernsten metaphysischen Zweck zu dienen, ist sie an sich lustvoll. Sie bedarf keiner Rechtfertigung, die über ihr bloßes Dasein hinausginge. So gesehen gibt es eine interessante Nähe zwischen Sinn und Sinnfreiheit. Religiöse Menschen, die der Ansicht sind, dieser Lebenssinn sei vielleicht ein bisschen zu bequem, sollten sich vor Augen führen, dass auch Gott sich selbst Zweck, Fundament, Ursprung, Grund und Genuss ist und dass Menschen nur dann dieses Leben mit ihm teilen können, wenn auch sie so leben. Religiöse Menschen tun gelegentlich, als bestehe der entscheidende Unterschied zwischen ihnen und Atheisten darin, dass für sie Sinn und Ziel des Lebens außerhalb des Lebens liegen. Doch das stimmt nicht ganz, nicht einmal für religiöse Menschen. Nach klassisch-theologischer Auffassung transzendiert Gott die Welt und erscheint dennoch in der Welt als Tiefe. Wittgenstein bemerkte an irgendeiner Stelle: Wenn es so etwas wie ein ewiges Leben gibt, muss es hier und jetzt sein. Der gegenwärtige Augenblick ist ein Bild der Ewigkeit, nicht etwa die unendliche Folge solcher Augenblicke.

Haben wir damit die Frage nach dem Sinn des Lebens ein für alle Mal beantwortet? Es ist ein Merkmal der Moderne, dass bedeutende Fragen so gut wie nie beantwortet sind. Die Moderne ist, wie oben angemerkt, die Epoche, in der wir erkannt haben, dass wir unfähig sind, selbst in lebenswichtigen Grundfragen Einigkeit zu erzielen. Bestimmt wird sich unser unaufhörlicher Streit über den Sinn des Lebens als fruchtbar und produktiv erweisen. Doch in einer Welt voller überwältigender Gefahren ist unser Unvermögen, Einigkeit in Fragen des Sinns und der Bedeutung zu erzielen, beunruhigend und ermutigend zugleich.

Anmerkungen

1 Valerie Eliot, T. S. Eliots Witwe, erzählte in einem Brief an die Londoner *Times*, dass ihr Mann T. S. Eliot eines Abends ein Taxi angehalten habe. Beim Einsteigen habe ihn der Fahrer direkt erkannt. Auf Nachfrage, woher er das gewusst habe, antwortete dieser dann: »Ach, Berühmtheiten erkenne ich sofort. Neulich Abend habe ich Bertrand Russell gefahren und fragte ihn: ›Na, Lord Russell, was ist der Sinn des Lebens?‹ Und wissen Sie was, er konnte es mir nicht beantworten.« Diese Geschichte nimmt Julian Baggini als Aufhänger für sein Buch *Der Sinn des Lebens*. Siehe: Julian Baggini, *Der Sinn des Lebens*, München 2005, S. 7.

2 Ludwig Wittgenstein, *Logisch-philosophische Abhandlung*, Satz 6.44, in ders., *Werkausgabe in acht Bänden*, Frankfurt am Main 1984, Bd. 1.

3 Eine ausführlichere Darstellung findet sich in meinem Aufsatz »Wittgenstein's Friends« in *Against the Grain*, London 1986.

4 Max Weber, »Wissenschaft als Beruf«, in ders., *Gesammelte Aufsätze zur Wissenschaftslehre*, Tübingen 1973, S. 608.

5 Isaiah Berlin, *Freiheit. Vier Versuche*, Frankfurt am Main 1995, S. 251.

6 Eine nützliche Diskussion moralischer Dilemmata findet sich bei Rosalind Hursthouse, *On Virtue Ethics*, Oxford 1999, 3. Kapitel.

[7] Ausführlicher beschrieben habe ich die Idee der Tragödie in *Sweet Violence: The Idea of the Tragic*, Oxford 2003.

[8] Der Oxforder Philosoph Gilbert Ryle behauptet, er habe einmal einen Student vom Selbstmord abgehalten, indem er ihm diesen Unterschied erklärte. [Anm. d. Übers.: Im Original »nothing matters« (nichts zählt) und »nothing chatters« (nichts schwatzt).]

[9] Anm. d. Übers.: Das Wort *meaning* kann auf Deutsch sowohl Sinn als auch Bedeutung heißen. Das Verb *to mean*, von dem das Substantiv *meaning* abgeleitet ist, kann je nach Zusammenhang mit *bedeuten*, aber auch mit *meinen* übersetzt werden.

[10] Anm. d. Übers.: Bei der folgenden Passage habe ich mich für eine sinngemäße Übersetzung entschieden, die der Bedeutungsvielfalt der deutschen Wörter »Sinn«, »Bedeutung« und »meinen« gerecht wird. Zum Teil weicht sie von der wörtlichen Übersetzung der englischen Sätze stark ab. Deshalb hier zum Vergleich das Original:
Poisson *means »fish«.*
Did you mean to strangle him?
These clouds mean rain.
When she referred to a »flea-bitten, geriatric donkey«, did she mean the one in the paddock over there?
What is the meaning of this disgraceful affair?
I meant you, not her.
Lavender-scented bath soap means a lot to him.
The Ukrainians clearly mean business.
The portrait is meant to be priceless.
Lavinia means well, but Julius probably doesn't.
When the deceased asked the waiter for poison, *could he by any chance have meant* poisson?
Their encounter seemed almost meant.
His rages don't mean a thing.

Cordelia was meant to return the corkscrew by Sunday lunchtime.

11 Eine These, die der Philosoph Roger Scruton in seiner *Modern Philosophy* (London 1994), S. 251, bestreitet. Scruton nimmt als Beispiel nicht »Alle Macht den Räten!«, sondern »Gott ist tot« – eine unbewusst durchaus bezeichnende Wahl, wenn man bedenkt, dass Nietzsches These vom Tode Gottes, also des höchsten Sinnstifters, als Ausgangspunkt für die Anarchie in der Weltdeutung gilt. Mein Beispiel ist zweifellos ebenso aufschlussreich.

12 Ludwig Wittgenstein, »Vermischte Bemerkungen«, in ders., *Werkausgabe in acht Bänden*, Bd. 8, Frankfurt am Main 1984, S. 473.

13 Friedrich Nietzsche, *Der Wille zur Macht* (822), Stuttgart 1964, S. 554.

14 Ludwig Wittgenstein, »Vermischte Bemerkungen«, a.a.O., S. 455.

15 Arthur Schopenhauer, *Die Welt als Wille und Vorstellung*, in *Sämtliche Werke*, Stuttgart und Frankfurt am Main 1976, Bd. II, S. 457.

16 Ebd., S. 458.

17 Ebd., S. 462.

18 Ebd., Bd. I, S. 427–428.

19 Jean-Paul Sartre, *Das Sein und das Nichts*, deutsch von Hans Schöneberg und Traugott König, Hamburg 1991, S. 44.

20 Nietzsche, *Der Wille zur Macht* (606), a.a.O., S. 415.

21 Anm. d. Übers.: Im Original »Shall I compare thee to a summer's day«, die erste Zeile aus Shakespeares Sonett No. 18, dt. von Gottlob Regis.

22 Zu einer umfassenden Diskussion siehe mein *William Shakespeare*, Oxford 1986.

23 Siehe Frank Farrell, *Subjectivity, Realism and Postmodernism*, Cambridge 1996.

[24] Friedrich Nietzsche, *Jenseits von Gut und Böse*, Fünftes Hauptstück 211, in *Werke*, München 1966, Bd. 2, S. 676.

[25] Siehe Alasdair MacIntyre, *Dependent Rational Animals*, London 1998.

[26] Ludwig Wittgenstein, *Philosophische Untersuchungen*, in ders., *Werkausgabe in acht Bänden*, Frankfurt am Main 1984, Bd. 1, S. 371.

[27] John Cottingham vertritt diese Ansicht offenbar in seinem Buch *On the Meaning of Life*, London 2003, und führt zum Beleg Wittgensteins *Tractatus logico-philosophicus* an. Für den Wittgenstein des *Tractatus* fällt jedoch nicht nur der Sinn des Lebens außerhalb der Grenzen unserer Erkenntnismöglichkeiten, sondern Subjektivität schlechthin.

[28] Julian Baggini, *Der Sinn des Lebens*, Deutsch von Sonja Hauser, München 2005, S. 109.

[29] Alasdair MacIntyre, *Geschichte der Ethik im Überblick*, Meisenheim 1984, S. 80.

[30] Baggini, *Der Sinn des Lebens*, a.a.O., S. 10.

[31] Baggini, *Der Sinn des Lebens*, a.a.O., S. 92.

[32] Cottingham, *On the Meaning of Life*, a.a.O., S. 66.

[33] Ich verdanke dieses Bild G. A. Cohen.

Zur weiteren Lektüre

1. Aristoteles und die Tugendethik

Der für dieses Buch wichtigste Text des Aristoteles ist dessen *Nikomachische Ethik*, die in diversen deutschen Ausgaben vorliegt, zum Beispiel in der Übersetzung von Franz Dirlmeier in der Werkausgabe des Akademie-Verlags: Aristoteles, *Werke*, Bd. 6, Berlin 1979. Eine Neuübersetzung von Ursula Wolf ist 2006 bei Rowohlt in Hamburg erschienen. Zur Einführung siehe Jonathan Barnes, *Aristoteles*, Stuttgart 1992. Zur Ethik des Aristoteles siehe D. S. Hutchinson, *The Virtues of Aristotle*, London 1986; und Jonathan Lear, *Aristotle: The Desire to Understand*, Cambridge 1988.

Zwei allgemeine, für die in diesem Buch angestellten Überlegungen relevante Studien zur Ethik sind Alasdair MacIntyre, *Geschichte der Ethik im Überblick*, Meisenheim 1984; und ders., *Der Verlust der Tugend*, Frankfurt/Main 2006. Eine weitere Arbeit dazu ist Rosalind Hursthouse, *On Virtue Ethics*, Oxford 1999.

2. Schopenhauer

Schopenhauers Hauptwerk (und sein einziges hier zitiertes Werk), *Die Welt als Wille und Vorstellung*, liegt in diversen Ausgaben vor, zum Beispiel im Rahmen der bei Insel und Cotta erschienenen Werkausgabe: Arthur Schopenhauer, *Sämtliche Werke*, Stuttgart und Frankfurt am Main 1976, Bde. I und II. Nützliche Einführungen zu Schopenhauer sind Patrick Gardiner, *Schopenhauer*, Harmondsworth 1963; und Brian Magee, *The Philosophy of Schopenhauer*, Oxford 1983. Eine knappe Darstellung findet sich in Terry Eagleton, *Ästhetik: Die Geschichte ihrer Ideologie*, Stuttgart 1994, 7. Kapitel.

3. Nietzsche

Von Nietzsches Werken sind in diesem Buch zitiert: *Der Wille zur Macht*, aktuell am leichtesten zugänglich in der Ausgabe des Kröner Verlags, Stuttgart 1964; *Jenseits von Gut und Böse*, in *Werke in drei Bänden*, München 1966, Bd. II; sowie *Die Geburt der Tragödie*, in *Sämtliche Werke in 15 Bänden*, zweite, durchgesehene Auflage, herausgegeben von Giorgio Colli und Mazzino Montinari, erschienen bei dtv, München 1988, Bd. I. Klassische Einführungen in sein Denken sind Walter Kaufmann, *Nietzsche: Philosoph, Psychologe, Antichrist*, Darmstadt 1982; R. J. Hollingdale, *Nietzsche: The Man and his Philosophy*, London 1964; und Arthur C. Danto, *Nietzsche als Philosoph*, München 1998. Siehe auch Keith Ansell Pearson, *Nietzsche*, London 2005; und Michael Tanner, *Nietzsche*, Freiburg i. Br. 1999. Eine umfangreichere Studie ist die von Richard Schacht, *Nietzsche*, London 1983.

4. Wittgenstein
Die *Logisch-philosophische Abhandlung (Tractatus)*, die erstmals 1921 erschien, und die *Philosophischen Untersuchungen* finden sich in der *Werkausgabe in acht Bänden*, Frankfurt am Main 1984, Bd. 1; die *Vermischten Bemerkungen* ebd., Bd. 8.

Zur Einführung in Wittgensteins Denken siehe D. F. Pears, *Ludwig Wittgenstein*, München 1971; und Anthony Kenny, *Wittgenstein*, Frankfurt am Main 1974. Zwei neuere Einführungen, beide scharfsinnig und hilfreich, sind A. C. Grayling, *Wittgenstein*, Freiburg i. Br. 1999; und Ray Monk, *Wittgenstein*, London 2005. Monk ist auch Autor einer ausgezeichneten Biografie, *Wittgenstein: Das Handwerk des Genies*, Stuttgart 1992. Eher für Fortgeschrittene, aber gleichfalls lohnend: G. P. Baker und P. M. S. Hacker, *Wittgenstein: Understanding and Meaning*, Oxford 1980.

5. Moderne und Postmoderne
Im ganzen Buch finden sich immer wieder Hinweise auf diese beiden kulturellen Bewegungen, denen der Leser vielleicht genauer nachgehen möchte. Zur Moderne siehe Peter Conrads monumentale Studie *Modern Times, Modern Places*, London 1998. Eine ausgezeichnete theoretische Analyse bietet Marshall Berman, *All That is Solid Melts into Air*, London 1982. Siehe auch Raymond Williams, *The Politics of Modernism*, London 1989; und T. J. Clark, *Farewell to an Idea*, New Haven und London 1999.

Zur Postmoderne siehe Jean-François Lyotard, *Das*

postmoderne Wissen, Graz und Wien 1986; Ihab Hassan, *The Postmodern Turn*, Ithaca, NY, 1987; David Harvey, *The Condition of Postmodernity*, Cambridge 1989; Perry Anderson, *The Origins of Postmodernity*, London 1998. Kürzere Studien zu diesem Trend sind Alex Callinicos, *Against Postmodernism*, Cambridge 1989; und Terry Eagleton, *Die Illusionen der Postmoderne*, Stuttgart 1997. Eine schwierigere und substanzielle Studie ist die von Fredric Jameson, *Postmodernism, or, the Cultural Logic of Late Capitalism*, Durham, NC, 1991.

6. Marx

Die Marx'schen Vorstellungen zum »Gattungswesen« und zur menschlichen Natur finden sich vor allem in seinen *Ökonomisch-philosophischen Manuskripten* von 1844, in *Marx-Engels-Werke* (MEW), Bd. 40, Berlin 1967. Zu Kommentaren dazu siehe Norman Geras, *Marx and Human Nature*, London 1983; und Terry Eagleton, *Ästhetik: Die Geschichte ihrer Ideologie*, Stuttgart 1994, 8. Kapitel. Der für meine Darstellung einschlägige Aufsatz von Louis Althusser ist der titelgebende Aufsatz in ders., *Ideologie und ideologische Staatsapparate: Aufsätze zur marxistischen Theorie*, Hamburg 1977.

7. Freud

Freuds *Vorlesungen zur Einführung in die Psychoanalyse*, in ders., *Studienausgabe*, Bd. 1, Frankfurt am Main 1970, gehört zu den besten einführenden Darstellungen seiner grundlegenden Konzepte. Seine Überlegungen zum Todestrieb finden sich u.a. in *Jenseits des Lustprinzips*, ebd., Bd. 3. Norman O. Brown entwickelt das Thema weiter in seinem Buch *Zukunft im Zeichen des Eros*, Pfullingen 1962. Zu einer allgemeineren Darstellung des Freud'schen Denkens siehe Philip Rieff, *Freud: The Mind of a Moralist*, Chicago und London 1959; und Paul Ricœur, *Die Interpretation. Ein Versuch über Freud*, Frankfurt am Main 1969.

8. Weitere Werke

Auf folgende Bücher wird im Text gleichfalls verwiesen:

Julian Baggini, *Der Sinn des Lebens*, München 2005.

Isaiah Berlin, *Freiheit. Vier Versuche*, Frankfurt am Main 1995.

John Cottingham, *On the Meaning of Life*, London 2003.

Terry Eagleton, *Against the Grain: Selected Essays 1975–1985*, London 1986; *William Shakespeare*, Oxford 1986; und *Sweet Violence: The Idea of the Tragic*, Oxford 2003.

Frank Farrell, *Subjectivity, Realism and Postmodernism*, Cambridge 1996.

Martin Heidegger, *Sein und Zeit* (1927), Tübingen 2006.

Alasdair MacIntyre, *Geschichte der Ethik im Überblick*, Meisenheim 1984.

Jean-Paul Sartre, *Das Sein und das Nichts*, Hamburg 1991; und *Der Ekel*, Hamburg 1949.

Roger Scruton, *Modern Philosophy*, London 1994.
Max Weber, *Gesammelte Aufsätze zur Wissenschaftslehre*, Tübingen 1973.

Namensregister

Der Autor:

© Eamonn McCabe

TERRY EAGLETON
ist Professor für Englische Literatur an der University of Manchester und Fellow der British Academy. Der international gefeierte Literaturwissenschaftler und Kulturtheoretiker hat über 50 Bücher verfasst. Auf Deutsch liegen u. a. vor *Was ist Kultur?* (2001), *Das Böse* (2011), *Warum Marx recht hat* (2012) und *Hoffnungsvoll, aber nicht optimistisch* (2016).